Christian Reinschmidt

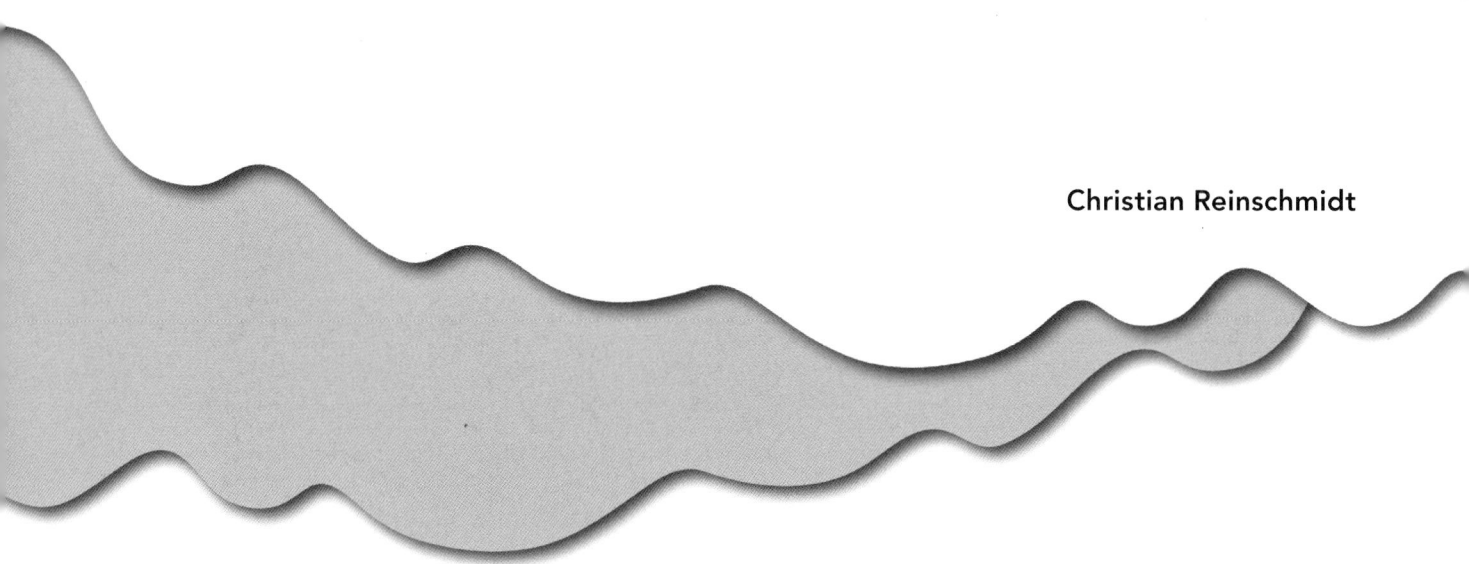

Schwimm-Training
– mehr als nur Bahnen ziehen

60 neue Spiel-
und Übungsformen

Verlag an der Ruhr

Impressum

Titel
Schwimm-Training – mehr als nur Bahnen ziehen
60 neue Spiel- und Übungsformen

Autor
Christian Reinschmidt

Umschlag
Foto Vorderseite: © Claudia35/pixelio.de
Foto Rückseite: © Claudia Hautumm/pixelio.de

Illustrationen
Anders A. Bachmann

Verlag an der Ruhr
Mülheim an der Ruhr
www.verlagruhr.de

Geeignet für die Altersstufen 8–16

Unser Beitrag zum Umweltschutz
Wir sind seit 2008 ein ÖKOPROFIT®-Betrieb und setzen uns damit aktiv für den Umweltschutz ein. Das ÖKOPROFIT®-Projekt unterstützt Betriebe dabei, die Umwelt durch nachhaltiges Wirtschaften zu entlasten.
Unsere Produkte sind grundsätzlich auf chlorfrei gebleichtes und nach Umweltschutzstandards zertifiziertes Papier gedruckt.

Ihr Beitrag zum Schutz des Urhebers
Das Werk und seine Teile sind urheberrechtlich geschützt. Jede Verwendung in anderen als den gesetzlich zugelassenen Fällen bedarf der vorherigen schriftlichen Einwilligung des Verlages. Im Werk vorhandene Kopiervorlagen dürfen vervielfältigt werden, allerdings nur für jeden Schüler der eigenen Klasse/des eigenen Kurses. Die Weitergabe von Kopiervorlagen oder Kopien an Kollegen, Eltern oder Schüler anderer Klassen/Kurse ist nicht gestattet.
Bitte beachten Sie die Informationen unter schulbuchkopie.de.
Der Verlag untersagt ausdrücklich das digitale Speichern und Zurverfügungstellen dieses Buches oder einzelner Teile davon im Intranet (das gilt auch für Intranets von Schulen und Kindertagesstätten), per E-Mail, Internet oder sonstigen elektronischen Medien. Kein Verleih. Zuwiderhandlungen werden zivil- und strafrechtlich verfolgt.

© Verlag an der Ruhr 2008
ISBN 978-3-8346-0441-5

Printed in Germany

Inhaltsverzeichnis

Vorwort 7
Trainingstipps 9
Motivation in Schwimmstunden 10
Wichtige Hinweise für alle Spielformen 13

Spielideen zur Schulung der Reaktionsschnelligkeit 15
Frühstarter 16
Start auf Zuruf 17
Gelb – Grün – Rot 18
Schwimme mit – Schwimme weg 19
Sternzeichenspiel 20

Spielideen für ein abwechslungsreiches Schnelligkeitstraining 21
Buchstabensalat 22
Bundesligasprint 24
Duell „Jeder gegen Jeden" 25
Verfolgungsjagd 26
Vornamenspiel 27
Geringste Punktzahl gewinnt! 28
Kaiserspiel 29
Heißer Platz 30
Bonusspiel 31
Teamsprint 32
Schwimm-Fünfkampf 33
Glücksschwimmen 34
Frage-Antwort-Spiel 35
Neun gewinnt! 36
Taktiksprint 37

Motivierende Staffelspiele 39
Biathlonstaffel 40
Vier gewinnt! 41
Weltrekordjagd 42
Losstaffel 43
Seilstaffel 44
T-Shirt-Staffel 45
Mensch ärgere dich nicht 46
Überraschungsstaffel 47
Aufräumstaffel 48
Rotationsstaffel 49

Inhaltsverzeichnis

Spielideen zur Verbesserung der Koordination und des Zeitgefühls 51
Begegnungsspiel 52
Zugfrequenzspiel 53
Kopf hoch 54
Differenzzeitschwimmen 55
Steigerungsschwimmen 56
Paarschwimmen 57
Unterwasserkraulen 58
Zwillingsrennen 59
Timingspiel 60
Synchronschwimmen 61

Spielideen zur Verbesserung der aeroben Ausdauer und Kraftausdauer 63
1000-Meter-Würfelspiel 64
Zeittreffspiel 65
Sturm – Flaute – Tornado 66
Lagen-Mix 67
Ausdauer-Kartenspiel 68
Schere – Stein – Papier 69
Zeitschätzspiel 70
Kooperationsschwimmen 71
Balltreiben 72
Beinschlagmeister 73

Spielideen für den Stundenausklang 75
Weißer Hai 76
Schwimmbrettspiel 77
Blubberspiel 78
Wasserclown 79
Abtauchspiel 80
Handicapschwimmen 81
Tandemschwimmen 82
Antwortspringen 83
Ballduell 84
Kopfballpunkt 85

Kopiervorlagen 87

Literatur- und Internettipps 102

Vorwort

Als Sportlehrer*, Trainer oder Übungsleiter stehen Sie in jeder Schwimmstunde vor der Herausforderung, eine motivierende Übungsstunde durchzuführen. Mit den traditionellen Schwimmstaffeln lassen sich die Kinder und Jugendlichen heute aber nicht mehr begeistern. Die für dieses Buch ausgewählten Spielideen zeigen Ihnen neue Wege der Spielmethodik für Übungsstunden im Wasser auf.
In der praktischen Erprobung haben sich die Spielformen sowohl im Schulschwimmen als auch im Vereins-Training bewährt.

Mit den neuen Spielideen sollen die Kinder und Jugendlichen in erster Linie für die Bewegung im Wasser begeistert werden. Gleichzeitig schulen sie verschiedene Fähigkeiten aus dem konditionellen und koordinativen Bereich und werden auch auf kognitiver Ebene gefordert. Zudem vergessen die Kinder und Jugendlichen durch den Spielcharakter der Übungsstunden die Anstrengung im Wasser. Darüber hinaus werden das Sozialverhalten sowie die Kommunikations- und Kooperationsbereitschaft über die verschiedenen Spielformen gefördert.

Eine variationsreiche Gestaltung der Übungsstunden motiviert und begeistert die Kinder und Jugendlichen für das Schwimmen. Sie zeigen eine erhöhte Lernbereitschaft, was sich positiv auf ihre Leistung auswirkt. Damit steigt auch das Selbstvertrauen und das Selbstwertgefühl der Kinder und Jugendlichen.

---

* Aus Gründen der besseren Lesbarkeit haben wir in diesem Buch durchgehend die männliche Form verwendet. Natürlich sind damit auch immer Frauen und Mädchen gemeint, also Lehrerinnen, Schülerinnen etc.

Selbstvertrauen und Selbstwertgefühl steigt
positive Leistungsentwicklung
erhöhte Lernbereitschaft
Spaß, Freude, Motivation
variationsreiche Spielangebote im Wasser

Inhaltliche Gestaltung

Die Anwendungsmöglichkeiten der Spiele im Wasser sind vielseitig. Im Schulsport bieten sich die Spiele zum Aufwärmen oder zur Abrundung des Unterrichts an. Verschiedene Spielformen können aber auch als „Zubringer" zu den Schwimmtechniken dienen. Die Spiele können ferner den Hauptinhalt des Unterrichts ausmachen, wenn Sie zum Beispiel ein Konditionstraining oder eine Koordinationsschulung in den Vordergrund stellen. Damit Sie schnell das geeignete Spiel für Ihre spezifische Zielsetzung finden, sind die Spielformen in verschiedene Übungsschwerpunkte unterteilt.

Im **einführenden Teil** erhalten Sie Informationen zu den Besonderheiten beim Spielen im Wasser. Sie erfahren, wie Sie Schüler für das Schwimmen motivieren können, und auf was Sie beim Schwimm-Training achten sollten.

Vorwort

Die **Praxiskapitel** sind in unterschiedliche Trainingsbereiche aufgeteilt. In den ersten beiden Kapiteln steht die Schnelligkeit im Mittelpunkt. Zunächst stellen wir Ihnen Möglichkeiten zur Schulung der Reaktionsschnelligkeit über optische und akustische Zeichen vor.
Im folgenden Kapitel finden Sie Spielideen für ein abwechslungsreiches Schnelligkeitstraining. Die motivierenden Staffelspiele und die Spielideen zur Verbesserung der Koordination und des Zeitgefühls bilden die beiden mittleren Kapitel des Praxisteils. Danach folgen spielerische Formen zur Verbesserung der aeroben Ausdauer und der Kraftausdauer. Das letzte Praxiskapitel zeigt Ihnen Spielideen für den Stundenausklang auf.

Im **Anhang** finden Sie **Kopiervorlagen** für verschiedene Spielformen. Dies verkürzt Ihnen die Vorbereitungszeit und hilft bei der Durchführung der verschiedenen Spiele.

Spielend lernen

Durch die vielfältigen Aufgabenstellungen der Spiele im Wasser können die Kinder und Jugendlichen nicht nur die eigene Leistungsfähigkeit in den einzelnen Trainingsbereichen verbessern, sondern auch verantwortungsbewusstes, kooperatives Verhalten lernen. Denn Regeln und Absprachen müssen eingehalten werden, damit ein Spiel überhaupt stattfinden kann. Insbesondere die Kooperationsbereitschaft, die Kommunikationsfähigkeit sowie die Bereitschaft zur Integration leistungsschwächerer Mitspieler entscheiden über Sieg oder Niederlage bei Mannschaftsspielen. Auf diese Weise werden den Kindern und Jugendlichen die Komponenten der olympischen Erziehung – *Fairness, gegenseitige Achtung, Leistung* – auf spielerische Art und Weise vermittelt. Daneben werden über die Spiele auch viele weitere Kompetenzen, wie beispielsweise taktisches Verhalten oder die visuelle Informationsverarbeitung, gefördert. Entsprechende Hinweise dazu finden Sie bei den Spielbeschreibungen.

Trainingstipps

Die folgenden Trainingstipps verstehen sich als methodisch-didaktische Hinweise, die Sie bei Ihrer Planung von Schwimmstunden unterstützen sollen.

1.

Achten Sie darauf, dass Trainingsreize zur Verbesserung der **Reaktionsschnelligkeit** vielseitig gesetzt werden, das heißt über optische (Auge), akustische (Ohr) und taktile (Haut) Signalsetzungen. Der Vorteil liegt neben der Reizaufnahme über die verschiedenen Sinnesorgane in der abwechslungsreichen Gestaltung der Übungsstunde.
Die Schulung der Reaktionsschnelligkeit kann in allen Altersstufen erfolgen und ist bei den 6- bis 10-Jährigen besonders zu empfehlen.

2.

Die höchsten Zuwachsraten der Sprintfähigkeit liegen bei Mädchen und Jungen zwischen 7 und 9 Jahren. Beginnen Sie also so früh wie möglich mit der Schnelligkeitsschulung! Um die Sprintfähigkeit zu steigern, muss die Bewegung mit möglichst hoher Intensität ausgeführt werden. Die Belastungsdauer sollte jedoch 6–8 Sekunden nicht überschreiten. Außerdem ist auf eine ausreichende Pausendauer zu achten. Besonders im Kinder- und Jugend-Training bieten sich für die **Schnelligkeitsschulung** vielseitige Wettspiele mit kurzen Sprintdistanzen an.

3.

Um beim Sport möglichst schnell eine Bewegungsaufgabe zu erlernen beziehungsweise zu bewältigen, sind verschiedene **koordinative Fähigkeiten** wie Orientierungsfähigkeit, Differenzierungsfähigkeit oder Kopplungsfähigkeit nötig. Beginnen Sie also auch beim Schwimmen möglichst früh mit der Schulung der koordinativen Fähigkeiten, um die motorische Lernfähigkeit bei den Kindern und Jugendlichen zu erhöhen.

4.

Da Schwimmen zu den Ausdauersportarten gehört, liegt es nahe, dass gerade in diesem Bereich besonders trainiert wird. Hierbei bildet die aerobe **Ausdauer** die Basis, ohne die eine zu frühe Ermüdung eintritt. Trainingswirkungen im Ausdauerbereich zeigen sich allerdings erst bei einer Belastung von mindestens 5 Minuten Dauer. So entsteht leicht das Problem der Monotonie. Sorgen Sie also für abwechslungsreiche Ausdauerbelastungen, die umfangs- und nicht intensitätsorientiert sind. Dies gilt auch für Spiel- und Übungsformen zur Verbesserung der Kraftausdauer. Hier sollten Sie besonders darauf achten, dass der Schwerpunkt der Kräftigung dynamisch mit geringer bis mittlerer Intensität durchgeführt wird und viele Wiederholungen möglich sind.

Motivation in Schwimmstunden

Die Motivation der Kinder und Jugendlichen in Schwimmstunden hängt von vielen Faktoren ab. In der Abbildung sind fünf wichtige Bereiche dargestellt, welche die Kinder und Jugendlichen stark in ihrer Motivation beeinflussen können. Im Folgenden möchten wir Ihnen einige Anregungen geben, wie Sie die Kinder und Jugendlichen für das Schwimmen begeistern können.

- Stundenübergreifende Ideen und Spiele
- Lehrer- und Trainerpersönlichkeit
- Abwechslungsreiche und spielerische Gestaltung der Schwimmstunde
- Soziale Kontakte in der Gruppe
- Anerkennung, Bestätigung und Erfolg

Motivation in Schwimmstunden

Motivation durch eine abwechslungsreiche Gestaltung

Schwimmstunden sollten abwechslungsreich gestaltet werden. Statt acht Bahnen Einschwimmen in der Brustlage kann die Aufgabe auch folgendermaßen lauten: *Zwei Bahnen Brust, zwei Bahnen in Rückenlage, zwei mit Brett und die letzten beiden Bahnen wieder in Brust.* Auch bietet es sich immer wieder an, verschiedene Spielformen in eine Schwimmstunde zu integrieren. Die regelmäßige Abwechslung in der Übungsstunde ist ein Garant für eine dauerhaft motivierte Gruppe.

Motivation durch soziale Kontakte in der Gruppe

Sie sollten darauf achten, dass sich in der Schwimmklasse oder Vereinsgruppe eine positive Atmosphäre entwickelt, in der sich alle Kinder und Jugendlichen wohlfühlen. In der Sportstunde kann sich zum Beispiel ein besserer Schwimmer um die weniger trainierten Schüler kümmern und diese in ihrem Lernfortschritt unterstützen. In der Vereinsarbeit besteht die Möglichkeit, dass ein älterer Schwimmer eine Patenschaft für einen jüngeren Schwimmer übernimmt und ihm sowohl im Training als auch beim Wettkampf wertvolle Tipps gibt.

Motivation in Schwimmstunden

Motivation durch stundenübergreifende Ideen, Spiele und Rituale

Eine langfristige Verbesserung der Schwimmtechnik und der konditionellen Fähigkeiten ist nur zu erreichen, wenn regelmäßig mit hoher Lernbereitschaft geübt wird. Die folgenden Tipps sind Möglichkeiten, die helfen, eine stundenübergreifende und somit dauerhafte Motivation zu wecken.

▶ Der „Dienstagspunkt" als regelmäßiges Abschlussspiel

An einem festgelegten Wochentag, zum Beispiel an einem Dienstag, wird die Übungsstunde grundsätzlich mit einem Wettspiel beendet. Der Sieger des Spiels erhält den Dienstagspunkt. Nach einigen Wochen wird ausgerechnet, welcher Schwimmer die meisten Dienstagspunkte gesammelt hat. Der Sieger erhält eine Urkunde.

> **▶▶ Erfahrungen aus der Praxis:**
>
> Die Kinder und Jugendlichen freuen sich auf diesen motivierenden Stundenausklang. Sie weisen den Trainer meist schon während der Übungsstunde darauf hin, dass er auf keinen Fall den Dienstagspunkt vergessen darf.

▶ Das 10-Stunden-Bestzeitenspiel

Alle Kinder und Jugendlichen schwimmen zu Beginn der Schwimmstunde 25 Meter auf Zeit. Ihnen wird natürlich nicht mitgeteilt, dass die gestoppte Zeit die „Ausgangszeit" für das Bestzeitenspiel sein wird. Die Kinder und Jugendlichen können ihre Schwimmlage selbst wählen, müssen diese Lage allerdings für die Dauer des Bestzeitenspiels beibehalten. Denn in den folgenden 10 Stunden versuchen die Kinder und Jugendlichen nun, ihre persönliche Bestzeit zu verbessern. Gelingt ihnen dies, bekommen sie einen Punkt und müssen beim nächsten Mal diese neue Bestzeit optimieren, um wieder einen Punkt zu gewinnen. Wer nach 10 Stunden die meisten Punkte gesammelt hat, gewinnt die Gesamtwertung.

> **▶▶ Erfahrungen aus der Praxis:**
>
> Die Kinder und Jugendlichen gehen von ihrer individuellen Bestzeit aus und können somit, unabhängig vom allgemeinen Leistungsstand, Punkte sammeln. Das motiviert besonders die weniger gut trainierten Kinder und Jugendlichen auch einmal zu gewinnen.

▶ Jokertag

Zu Beginn der Übungsstunde werden zwei bis drei Schwimmer benannt, die einen „Jokertag" haben. Diese Kinder und Jugendlichen stehen an diesem Tag unter besonderer Beobachtung, denn sie bekommen häufig Tipps zu den Schwimmtechniken oder zu den Wenden. Der „Jokertag" ist eine gute Möglichkeit für Sie als Trainer, sich ganz speziell um einige wenige Schwimmer kümmern zu können. Gerade, wenn Sie mit großen Übungsgruppen trainieren, bekommt der Einzelne zumindest hin

Motivation in Schwimmstunden

und wieder gezielte Unterstützung. Die Reihenfolge für den „Jokertag" wird ausgelost.

> **▸▸ Erfahrungen aus der Praxis:**
>
> Häufig verliert man bei großen Übungsgruppen den Blick für das Detail. Diese Maßnahme schärft Ihren Blick für zumindest zwei bis drei Schwimmer.

▸ Ziele formulieren

Eine gute Möglichkeit der Selbsteinschätzung ist es, die Kinder und Jugendlichen ihre Ziele für die nächsten Wochen oder Monate – im Schulschwimmen bis zum Halbjahr – selbst formulieren zu lassen. Damit setzen sich die Kinder und Jugendlichen aktiv mit ihrer eigenen Leistungsfähigkeit auseinander und werden motiviert, das sich selbstgesteckte Ziel zu erreichen. Die Zielformulierung kann sich dabei auf den Technikerwerb oder auf die Optimierung von Bestzeiten beziehen.

> **▸▸ Erfahrungen aus der Praxis:**
>
> Die Kinder und Jugendlichen lernen, ihre eigenen Fähigkeiten besser einzuschätzen. Sie sind oft motivierter, die eigene Zielvorgabe zu erreichen, als einer von außen auferlegten Zielorientierung nachzukommen.

▸ Das 100-Punkte-Spiel

Bei diesem langfristig angelegten Spiel wird am Ende einer Schwimmstunde ein kleines Abschlussspiel durchgeführt. Jeder Schwimmer erhält nach Beendigung des Spiels abhängig von der Gruppengröße Punkte. Sind beispielsweise 15 Schwimmer anwesend, dann erhält der Sieger 15 Punkte, der Zweite 14 Punkte, … und der Fünfzehnte erhält einen Punkt. Wer nicht in der Schwimmstunde war, kann auch keinen Punkt gewinnen. Wer zuerst 100 Punkte erreicht, ist der Sieger des 100-Punkte-Spiels. Sie sollten als Trainer nach jedem Spiel die Punkte sofort eintragen und den aktuellen Zwischenstand verkünden.

> **▸▸ Erfahrungen aus der Praxis:**
>
> Es hat sich bewährt, dass Sie als Trainer nicht nur Spiele aussuchen, bei denen die konditionellen Fähigkeiten für den Erfolg wichtig sind. Spielformen, bei denen das Glück eine dominierende Rolle spielt, ermöglichen den leistungsschwachen Kindern und Jugendlichen Erfolgserlebnisse.

Wichtige Hinweise für alle Spielformen

Beim Spielen im Wasser muss auf feste Ordnungsformen verzichtet werden. Für Sie als Trainer ergeben sich daraus erhöhte Anforderungen in Bezug auf die Sorgfalts- und Aufsichtspflicht.
So behalten Sie trotz des spielerischen „Durcheinanders" immer den Überblick:

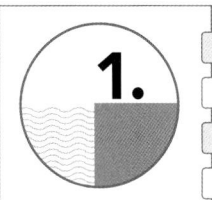

1. **Beobachten Sie immer vom Beckenrand aus, um den Überblick behalten zu können!** Wenn möglich, sollten kleine Spielgruppen gebildet werden, da diese sich leichter beobachten lassen als große.

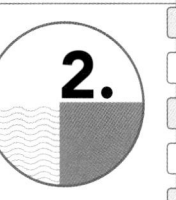

2. **Sorgen Sie für Notfallmaßnahmen vor!** Es empfiehlt sich, dass nicht nur Sie als Trainer, sondern auch die Kinder und Jugendlichen eine Schulungsmaßnahme für Erste Hilfe bei Unfällen im Wasser absolvieren.

3. Überprüfen Sie vor jeder Übungsstunde, ob eine Notfallmeldung per Telefon möglich ist!

4. **Besondere Aufmerksamkeit bei Spielformen, bei denen eine Tauchaufgabe vorgegeben ist!** Tauchende Schwimmer müssen unter stetiger Beobachtung stehen, um auf eine Abweichung vom Normalverhalten sofort reagieren zu können. Bei stechendem Schmerz im Ohr oder im Stirn-Nase-Bereich muss der Tauchversuch sofort abgebrochen werden.

5. **Vermeiden Sie Unterkühlungen bei den Schwimmern!** Auch beim Spielen sollten nach Belastungsphasen Erholungsphasen folgen, in denen die Schwimmer allerdings nicht auskühlen dürfen. Denn durch die höhere Wärmeleitfähigkeit des Wassers gegenüber der Luft frieren die Kinder und Jugendlichen im Wasser schneller als an Land. Dies hat negative Auswirkungen auf deren Lernbereitschaft und die Leistungsfähigkeit.

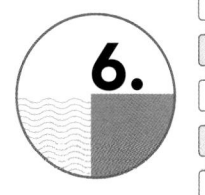

6. Vereinbaren Sie akustische Zeichen, um bei risikoreichen Situationen das Spiel schnell unterbrechen zu können!

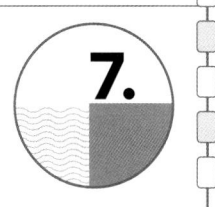

7. **Wiederholen Sie die verschiedenen Spielformen in regelmäßigen Abständen!** Die Kinder und Jugendlichen haben so die Chance, ihre eigene Lösungsstrategie zu optimieren.

Spielideen zur Schulung der Reaktionsschnelligkeit

Ein vielseitiges Schwimm-Training enthält immer auch Spiel- und Übungsformen zur Verbesserung der Reaktionsschnelligkeit. Gestalten Sie abwechslungsreiche Übungsstunden mit vielseitigen Startsignalen, die alle Sinne trainieren.

Frühstarter

Gruppengröße: 4–12
Spieldauer: 8–10 Minuten
Hilfsmittel: keine
Ziele: Reaktionsschnelligkeit, taktisches Verhalten

Jeder Schwimmer bekommt von Ihnen zunächst eine Startnummer ins Ohr geflüstert. Danach begeben sich alle auf die Querseite des Beckens und warten im Wasser auf den Start des ersten Schwimmers. Fordern Sie dann den Schwimmer mit der Startnummer 1 auf, in den nächsten Sekunden überraschend zu starten und somit den Sprint zu eröffnen. Nur Sie als Trainer und der „Frühstarter" wissen zu diesem Zeitpunkt, wer als Erster starten wird. Ziel der anderen Schwimmer ist es, den Frühstarter beim Sprint zu schlagen. Anschließend erfolgt der Frühstart des Schwimmers mit der Startnummer 2. Das Spiel ist beendet, wenn alle Schwimmer einen Sprint eröffnet haben.

Variation: Das Frühstarterspiel kann auch 2- oder 3-mal in Folge gespielt werden. In diesem Fall bietet es sich an, die Schwimmlage zu wechseln.

Tipp:

Die konditionell schwächeren Schwimmer sollten eine niedere Startnummer erhalten, damit sie höhere Siegchancen haben und bei ihrem „Frühstart" nicht zu erschöpft sind.

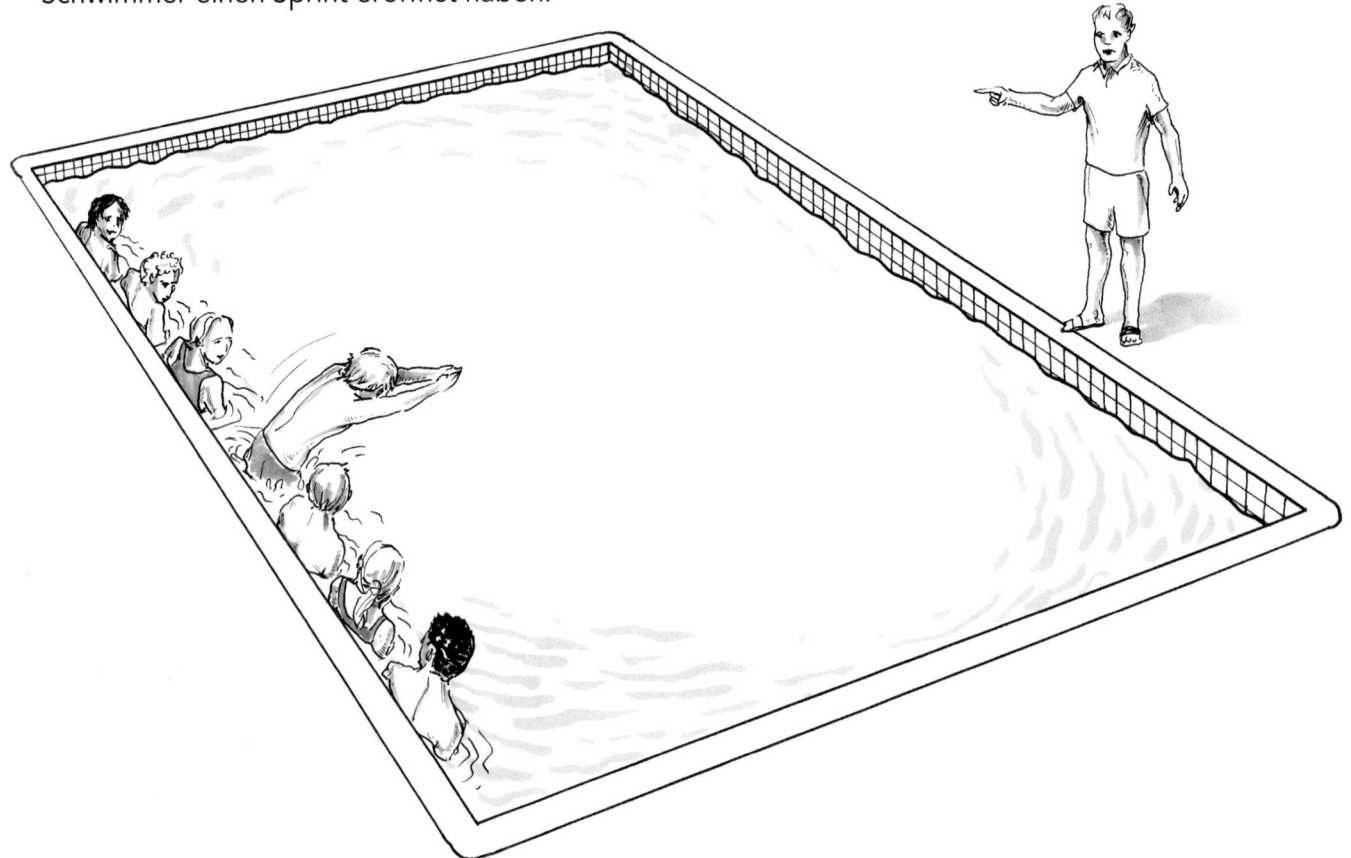

Schwimm-Training – mehr als nur Bahnen ziehen

Start auf Zuruf

Gruppengröße: ab 4
Spieldauer: 8–10 Minuten
Hilfsmittel: keine
Ziele: Reaktionsschnelligkeit, visuelle Informationsverarbeitung unter Zeitdruck

Die Schwimmer befinden sich auf dem Startblock, wobei mindestens zwei Schwimmer gleichzeitig starten. Nachdem sie die Ausgangsposition eingenommen haben, erfolgt von Ihnen das Startkommando *„auf die Plätze"* und anstatt eines Startpfiffs rufen Sie die Schwimmlage zu, die geschwommen werden soll. Der Schwimmer muss somit kurz vor dem Absprung die richtige Bewegungsausführung einleiten. Wer die richtige Schwimmlage ausgewählt hat und als Erstes wieder am Beckenrand anschlägt, ist Sieger des Spiels.

Tipp:

Bei diesem Wettbewerb bieten sich Sprintdistanzen über 12,5 Meter, 15 Meter oder 25 Meter an.

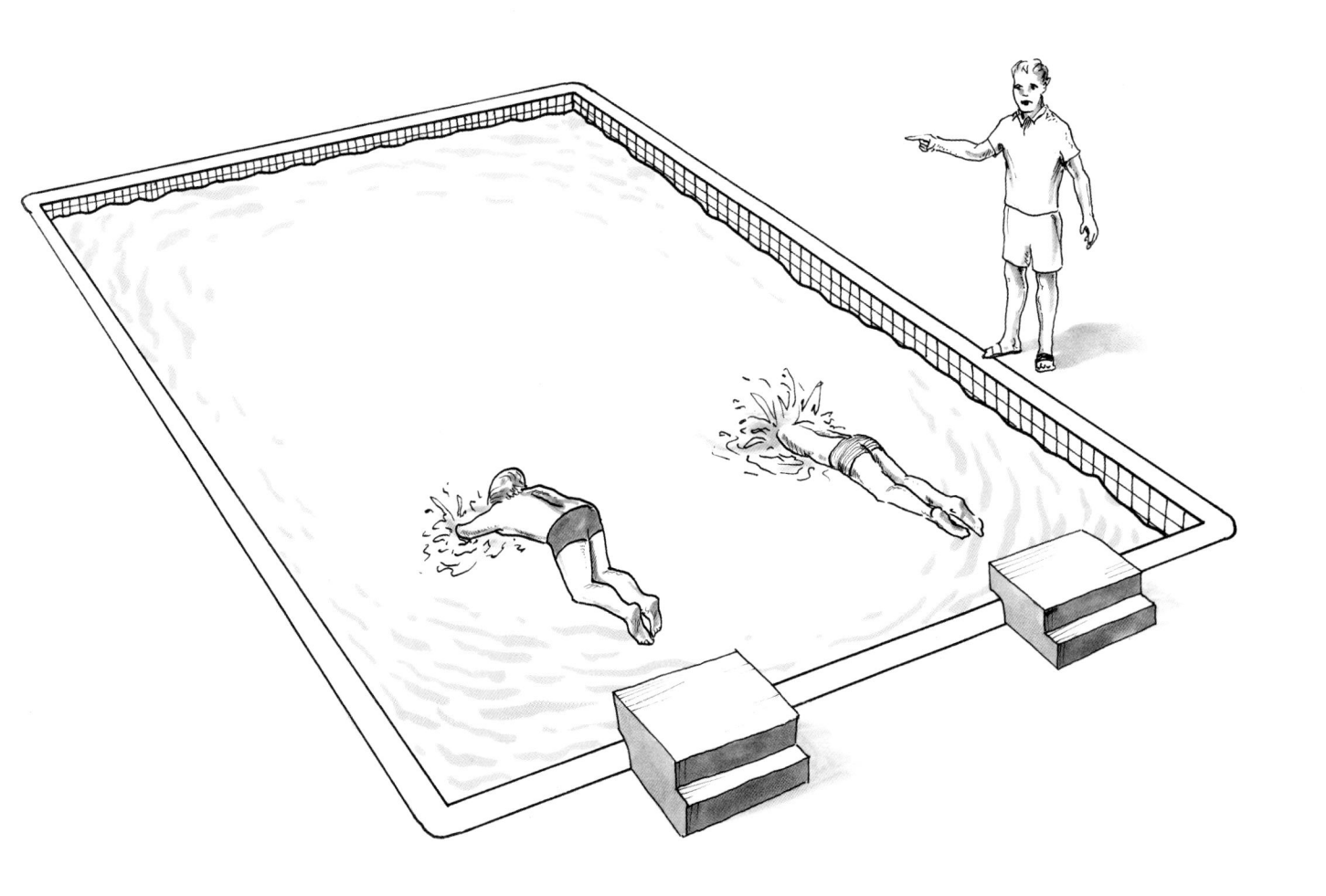

60 neue Spiel-und Übungsformen | 17

Grün – Gelb – Rot

Gruppengröße: ab 4
Spieldauer: 8–10 Minuten
Hilfsmittel: Hütchen
Ziel: Reaktionsschnelligkeit

Teilen Sie die Gruppe in zwei Mannschaften auf. Eine Mannschaft heißt **Grün**, das andere Team heißt **Gelb**. Jeder bekommt von Ihnen einen Gegner aus der anderen Mannschaft zugeteilt. Lassen Sie anschließend die Mannschaften in der Mitte des Beckens eine Gasse mit mindestens 2 Metern Abstand bilden, wobei sich die Gegner gegenüberstehen sollten. Das Spiel ist eröffnet, wenn Sie eine der beiden Farben rufen. Die aufgerufene Mannschaft verfolgt nun das andere Team und versucht, ihre zugeteilten Gegner abzuschlagen.
Eine Berührung an den Füßen ist dabei ausreichend. Einige Meter vor dem Beckenrand gibt es eine Ziellinie, die durch Hütchen markiert ist. Nach Überqueren dieser Linie darf nicht mehr abgeschlagen werden.

Wer seinen Gegner berührt hat, erhält für seine Mannschaft einen Punkt. Rufen Sie die Farbe **Rot**, darf sich keiner bewegen, und alle Spieler bleiben auf ihrer Position. Sieger des Spiels ist die Mannschaft, die am Ende die meisten Punkte hat.

Variation: Erzählen Sie eine Geschichte, bei der immer wieder die Farben **Grün**, **Gelb** und **Rot** genannt werden, oder setzen Sie als optisches Signal eine grüne, gelbe oder rote Karte ein.

Tipp:

Haben Sie das ganze Becken zur Verfügung, kann das Spiel auch über die Querseite durchgeführt werden.

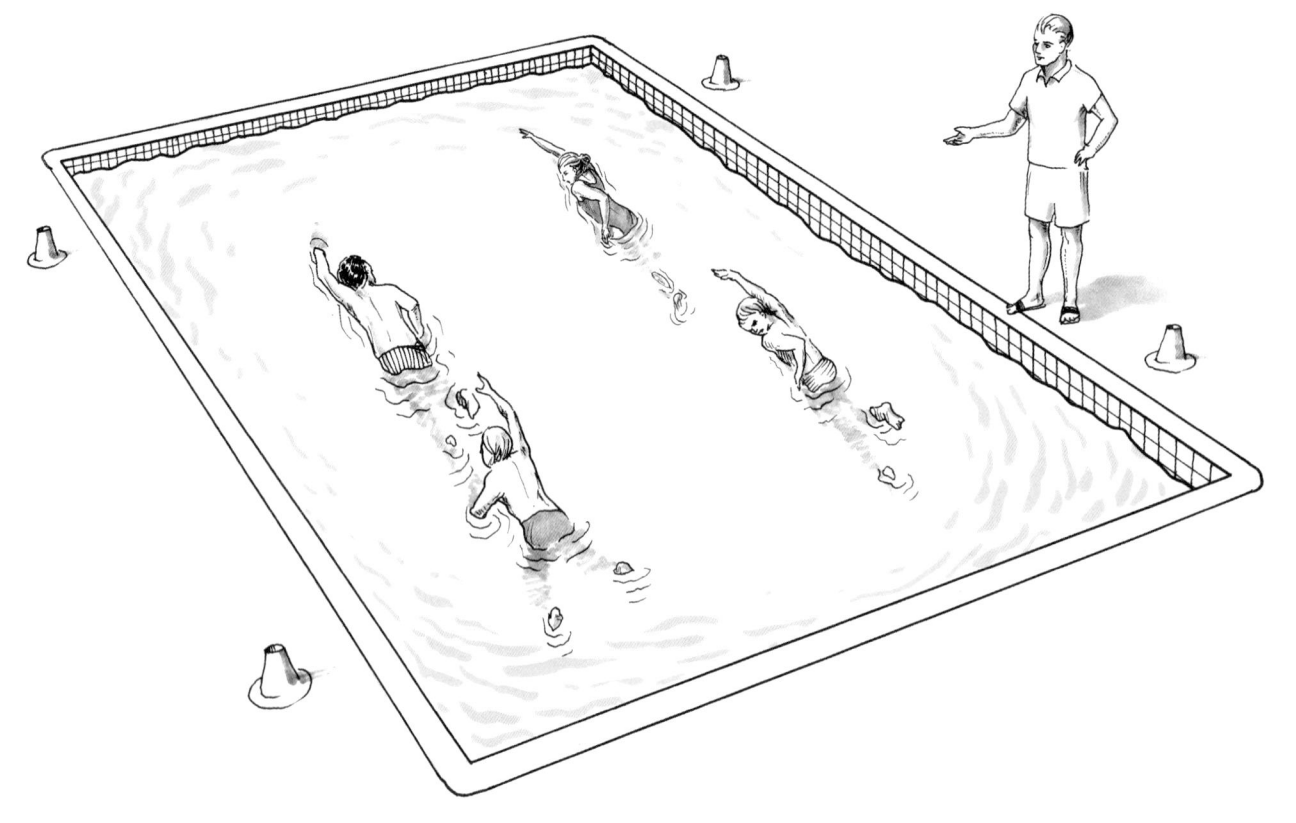

Schwimm-Training – mehr als nur Bahnen ziehen

Schwimme mit – Schwimme weg

Gruppengröße: bis 28
Spieldauer: 8–10 Minuten
Hilfsmittel: keine
Ziel: Reaktionsschnelligkeit

Die Schwimmer stehen im hüft- oder brusttiefen Wasser und bilden einen Kreis.
Ein Teilnehmer schwimmt um den Kreis herum, berührt irgendwann einen Mitspieler und ruft *„Schwimme mit!"* oder *„Schwimme weg!"*.
Bei *„Schwimme mit!"* muss der Mitspieler in die gleiche Richtung schwimmen, bei *„Schwimme weg!"* in die entgegengesetzte Richtung. Wer zuerst den freigewordenen Platz erreicht, bleibt dort stehen. Der andere Mitspieler schwimmt weiter, und das Spiel beginnt von vorne.

Tipp:

- Je nach Gruppen- und Beckengröße können mehrere Kreise gebildet werden.
- Beim Zuruf *„Schwimme weg!"* wird vereinbart, dass der berührte Schwimmer auf der Innenbahn schwimmt, denn sonst kann es in der Hektik des Spiels zu gefährlich werden.
- Führen Sie die Regel ein, dass ein Schwimmer nie 2-mal in Folge angetippt werden darf. Auf diese Weise sorgen Sie für eine ausreichende Erholungsphase.

Sternzeichenspiel

Gruppengröße: 8–16
Spieldauer: 10–15 Minuten
Hilfsmittel: keine
Ziel: Reaktionsschnelligkeit

Bei diesem Gruppenspiel treten zwei Mannschaften mit jeweils maximal acht Schwimmern zu einem Wettschwimmen gegeneinander an. Die Mannschaften sind im Wasser auf zwei Bahnen verteilt. Sie bekommen von Ihnen verschiedene Aufgaben gestellt. Eine Aufgabe könnte heißen: *„Es schwimmt ein Schwimmer aus der Mannschaft, der ein Tier als Sternzeichen hat!"*, oder *„Der Jüngste in der Mannschaft schwimmt so schnell wie möglich eine Bahn!"*. Stellen Sie möglichst abwechslungsreiche Aufgaben und achten Sie darauf, dass immer wieder andere Schwimmer diese lösen müssen. Sieger des Spiels ist das Team, welches nach acht Aufgaben die meisten Punkte erreicht hat.

Tipp:

Damit alle Schwimmer in Bewegung bleiben, schwimmt die ganze Mannschaft dem aufgerufenen Schwimmer hinterher. Die Schwimmer müssen sich dabei an das Tempo ihres Vordermanns anpassen, damit es zu keinem Stau kommt.

Spielideen für ein abwechslungsreiches Schnelligkeitstraining

Eine Verbesserung der Schnelligkeit erreichen Sie nur mit sehr hoher Intensität. Die vorgestellten Spielformen motivieren die Schwimmer durch ihren Wettkampfcharakter zu einer 100 %igen Belastungsintensität.

Buchstabensalat

Gruppengröße: bis 14
Spieldauer: 10 Minuten
Hilfsmittel: 7 Karten mit einem Buchstabensalat
Ziele: Schnelligkeit, visuelle Informationsverarbeitung unter Zeitdruck

Die Schwimmer treten paarweise zu einem 25-Meter-Sprint gegeneinander an. Sind beide Schwimmer am Beckenrand angekommen, zeigen Sie ihnen eine Karte mit einem Buchstabensalat. In der richtigen Reihenfolge zusammengesetzt, ergeben die Buchstaben ein Wort, wie zum Beispiel den Namen eines Landes, einer Stadt, eines Tiers oder einer Sportart. Wer das Wort zuerst errät, bekommt einen Punkt. Die Ratezeit ist vorbei, wenn das nächste Schwimmpaar am Beckenrand anschlägt. Sieger des Spiels ist derjenige, der nach 6–8 Durchgängen die meisten Punkte hat.

Variation: Nach jedem 25-Meter-Sprint wird der Partner gewechselt, damit die Schwimmer immer wieder andere Gegner haben.

Tipp:

- Achten Sie darauf, dass Sie dem langsameren Schwimmer eine kurze Erholungszeit einräumen, bevor Sie die Karte mit dem Buchstabensalat zeigen!
- Splitten Sie die Punktevergabe: einen Punkt für den Sprintsieg und einen Punkt für das Enträtseln des Buchstabensalats. Das erhöht die Motivation, als Sieger aus dem Zweikampf hervorzugehen.

Beispiele für Karten:

PWL UPT ERA	AM SEH TR	EN NS TI	GU NN RA	NEZ IT RO
WUPPERTAL	HAMSTER	TENNIS	UNGARN	ZITRONE

SEF TN RR	FEE LT ON	HU CB	MME CHS WIN	LL AB
FENSTER	TELEFON	BUCH	SCHWIMMEN	BALL

Schwimm-Training – mehr als nur Bahnen ziehen

Buchstabensalat

60 neue Spiel-und Übungsformen

Bundesligasprint

Gruppengröße: 4–10
Spieldauer: 5–10 Minuten
Hilfsmittel: Pfeife
Ziel: Schnelligkeit

Teilen Sie zunächst die Schwimmer entsprechend ihrem Alter in verschiedene Ligen ein: Die jüngsten Schwimmer starten in der ersten Startgruppe, der 1. Bundesliga, die ältesten in der letzten Startgruppe, der Kreisklasse. Innerhalb der Startgruppe treten immer zwei Schwimmer zu einem Wettschwimmen über 12,5 Meter gegeneinander an. Der Sieger steigt eine Liga auf, der Verlierer steigt eine Liga ab. So ergibt sich für den 2. Durchgang durch die Auf- und Abstiegsregel eine ganz neue Zusammensetzung der Paare.

Startgruppen:
1. Bundesliga, 2. Bundesliga, Regionalliga, Oberliga, Landesliga, Bezirksliga, Kreisklasse

Tipp:

Führen Sie mit Ihrer Gruppe mindestens 6 Sprints durch, damit die Schwimmer auch die Chance haben, von den unteren Ligen in die obersten Ligen aufzusteigen. Durch die Auf- und Abstiegsregel treffen sich nach einigen Sprints etwa gleich schnelle Schwimmer in den einzelnen Ligen.

Schwimm-Training – mehr als nur Bahnen ziehen

Duell „Jeder gegen jeden"

Gruppengröße: 4–8
Spieldauer: 10–15 Minuten
Hilfsmittel: Pfeife, Kopiervorlage S. 88
Ziel: Schnelligkeit

Bei einer relativ kleinen Schwimmgruppe bietet sich beim Schnelligkeitstraining ein Wettspiel an, bei dem jeder Schwimmer zu einem Zweikampf gegen jeden anderen Schwimmer antreten muss. Achten Sie aber darauf, dass die Streckenlänge nicht mehr als 10–15 Meter beträgt. Notieren Sie sich auch die einzelnen Duelle mit, um die Übersicht zu behalten.

Tipp:

Die Schwimmer sollten von der Leistungsfähigkeit vergleichbar sein.

Beispielduelle:

Name	Manuel	Oliver	Lena	Sarah
Manuel		Manuel	Manuel	Manuel
Oliver			Lena	Oliver
Lena				Sarah
Sarah				

60 neue Spiel-und Übungsformen

Verfolgungsjagd

Gruppengröße: bis 32
Spieldauer: 10 Minuten
Hilfsmittel: Pfeife
Ziel: Schnelligkeit

Teilen Sie die Schwimmer in verschiedene Startgruppen auf. Legen Sie anschließend innerhalb der Gruppen eine Startaufstellung fest, die Sie schriftlich festhalten. In dieser Reihenfolge stellen sich die Schwimmer hinter dem Startblock auf. Dann erfolgt von Ihnen alle 3 Sekunden ein Startpfiff. Jeder Schwimmer muss nun versuchen, seinen Vordermann bis zum Ende der Bahn einzuholen, indem er versucht, ihn an den Füßen zu berühren. Gelingt es einem Schwimmer, seinen Vordermann abzuschlagen, übernimmt er im nächsten Durchgang dessen Startposition und rückt somit eine Position weiter nach vorne. Wer nach 8 Durchgängen an der Spitze steht, hat gewonnen.

Tipp:

Lassen Sie die schnelleren Schwimmer innerhalb einer Gruppe weiter vorne starten!

Vornamenspiel

Gruppengröße: bis 28
Spieldauer: 8–10 Minuten
Hilfsmittel: 6 Namenskarten
Ziele: Schnelligkeit,
visuelle Informationsverarbeitung unter Zeitdruck

Die Schwimmer treten paarweise zu einem 25-Meter-Sprint gegeneinander an. Am Ende der Bahn bekommen sie von Ihnen eine Karte gezeigt. Auf dieser Karte steht der Nachname einer bekannten Persönlichkeit, zum Beispiel Merkel. Wer zuerst den richtigen Vornamen nennt, bekommt einen Punkt. Nach jedem Sprint wird der Sprintpartner gewechselt. Wer nach 6 Durchgängen die meisten Vornamen erraten konnte, ist der Sieger des Spiels.

Tipp:

- Stehen Ihnen zwei Trainingsbahnen zur Verfügung, können Sie auch vier Schwimmer gleichzeitig sprinten und raten lassen!
- Achten Sie darauf, dass Sie dem langsameren Schwimmer eine kurze Erholungszeit einräumen, bevor Sie die Karte mit dem Nachnamen zeigen!
- Splitten Sie die Punktevergabe: einen Punkt für den Sprintsieg und einen Punkt für das Erraten des Vornamens. Das erhöht die Motivation, als Sieger aus dem Zweikampf hervorzugehen!

60 neue Spiel- und Übungsformen

Geringste Punktzahl gewinnt!

Gruppengröße: 4–28
Spieldauer: 5–8 Minuten
Hilfsmittel: Stoppuhr, Pfeife, Kopiervorlage S. 89
Ziel: Schnelligkeit

Lassen Sie alle Schwimmer über eine Distanz von 25 Metern sprinten. Zählen Sie anschließend die Sekunden und Hundertstel zusammen. Bei einer Zeit von beispielsweise 44:21 Sekunden addieren Sie 44 und 21 zur Gesamtpunktzahl. Das Ziel der Schwimmer muss es also sein, eine möglichst schnelle Zeit zu schwimmen, um die Zahl vor dem Komma so klein wie möglich zu halten. Bei dem Spiel „Geringste Punktzahl gewinnt" haben also auch die langsameren Schwimmer gute Siegchancen, denn für eine möglichst kleine Zahl hinter dem Komma braucht man einfach nur Glück!

Tipp:

- Wenn Sie die Schwimmer in 4er-Gruppen starten lassen, sparen Sie Zeit!
- Geben Sie die Ergebnisse erst bekannt, wenn alle Schwimmer ihren Sprint absolviert haben!

Schwimm-Training – mehr als nur Bahnen ziehen

Kaiserspiel

Gruppengröße: ab 4
Spieldauer: 10–15 Minuten
Hilfsmittel: Pfeife
Ziel: Schnelligkeit

Eine motivierende Möglichkeit, sowohl die Reaktionsfähigkeit als auch die Schnelligkeit zu verbessern, ist das Kaiserspiel über die 10–15 Meter lange Querbahn. Zunächst postieren sich alle Schwimmer nebeneinander im Wasser. Nach dem Startpfiff schwimmen alle so schnell wie möglich zur anderen Beckenseite. Wer vor seinem Nebenmann anschlägt, wechselt mit ihm die Position. Der Positionswechsel erfolgt dabei nach einer bestimmten Regel: Alle Sieger nehmen auf dem Rückweg die Position links von ihrem geschlagenen Gegner ein, die Verlierer die Position rechts von ihrem Bezwinger. Nach 8–10 Sprints treffen etwa gleich schnelle Schwimmer aufeinander, was die Motivation zum Sprintsieg erhöht.

Variation: Wechseln Sie bei der Startreihenfolge durch! Als Aufstellungskriterien haben sich beispielsweise das Alter (die jüngeren vor den älteren Schwimmern), die Hausnummern (die höheren vor den niederen Nummern) oder der Geburtstag bewährt.

Tipp:

Abhängig von der Gruppengröße können Sie die Schwimmer auch in zwei Startgruppen einteilen. In diesem Fall bietet es sich an, Jungen und Mädchen in getrennten Gruppen schwimmen zu lassen.

60 neue Spiel-und Übungsformen | 29

Heißer Platz

Gruppengröße: ab 4
Spieldauer: 10–15 Minuten
Hilfsmittel: Pfeife
Ziel: Schnelligkeit

Eine Variation des Kaiserspiels ist der „heiße Platz". Auch hier starten alle Schwimmer auf der Querbahn. Mit dem Startpfiff ist das Spiel eröffnet. Allerdings müssen die Schwimmer genau hinhören, wie oft Sie gepfiffen haben. Pro Pfiff muss eine Bahn geschwommen werden.
Wie beim Kaiserspiel gibt es einen Positionswechsel mit dem direkten Schwimmnachbarn. Der Schwimmer auf der ersten Position belegt einen „heißen Platz". Verliert er gegen seinen Nachbarn, nimmt er nicht dessen Platz ein, sondern fällt auf den letzten Platz zurück.

Variation: Die Anzahl der Pfiffe steht für die Schwimmlage, die geschwommen werden soll:
1 Pfiff = Delfin
2 Pfiffe = Rücken
3 Pfiffe = Brust
4 Pfiffe = Kraul

Tipp:

- Achten Sie darauf, dass Sie kurz und schnell hintereinander ihre Startpfiffe abgeben!
- Abhängig von der Gruppengröße können Sie die Schwimmer auch in zwei Startgruppen einteilen. In diesem Fall bietet es sich an, Jungen und Mädchen in getrennten Gruppen schwimmen zu lassen.

Schwimm-Training – mehr als nur Bahnen ziehen

Bonusspiel

Gruppengröße: bis 28
Spieldauer: 5 Minuten
Hilfsmittel: Pfeife, Stoppuhr, Kopiervorlage S. 90
Ziel: Schnelligkeit

Bei Schwimmwettkämpfen ist das unterschiedliche Alter der Kinder und Jugendlichen oft ein leistungsbestimmender Faktor. Aus diesem Grund gibt es beim Bonusspiel für die jüngeren Schwimmer Zeitgutschriften. Somit kann beim Bonusspiel auch ein jüngerer Schwimmer gewinnen. Abhängig von der Beckengröße und dem Leistungsvermögen der Gruppe, können Sie die Schwimmer über 25 oder 50 Meter sprinten lassen.

Tipp:

Bei gemischten Gruppen bietet es sich an, Jungen und Mädchen getrennt zu werten. Sie sollten sich aber bereits vor dem Spiel Gedanken machen, wie viel Zeitbonus Sinn macht!

Teamsprint

Gruppengröße: 8–12
Spieldauer: 5 Minuten
Hilfsmittel: Pfeife, Stoppuhr
Ziele: Schnelligkeit, Team- und Kooperationsfähigkeit, taktisches Verhalten

Teilen Sie die Schwimmer für dieses Wettspiel in zwei Gruppen auf. Zunächst schwimmt die erste Gruppe 50 Meter auf Zeit. Stoppen Sie die Zeit aber erst, wenn der letzte Schwimmer der Gruppe am Beckenrand anschlägt. Danach startet die zweite Gruppe und versucht, die vorgelegte Zeit zu verbessern. Die Mannschaften besprechen im Vorfeld, mit welcher Taktik sie an den Start gehen. Eine Grundvoraussetzung für das Gelingen dieses Mannschaftswettkampfs ist die Unterstützung der jüngeren und langsameren Schwimmer.

Von den leistungsstarken Schwimmern wird ein hohes Maß an sozialer Kompetenz erwartet, damit der Gruppenwettkampf zum erfolgreichen Abschluss kommt.

Tipp:

Achten Sie bei der Gruppeneinteilung darauf, dass es gemischte Gruppen mit leistungsstarken und schwächeren Schwimmern gibt.

Schwimm-Fünfkampf

Gruppengröße: bis 28
Spieldauer: 15–20 Minuten
Hilfsmittel: Pfeife, Stoppuhr, Kopiervorlage S. 91
Ziele: Schnelligkeit, Koordination

Beim Schwimm-Fünfkampf treten immer zwei bis vier Schwimmer zu einem Wettschwimmen gegeneinander an. Hierfür bekommen die Schwimmer von Ihnen fünf verschiedene Aufgaben über eine Distanz von jeweils 25 Metern gestellt. Im Anschluss addieren Sie die Zeiten der einzelnen Schwimmer. Wer die geringste Endzeit hat, gewinnt. Mögliche Disziplinen für den Fünfkampf sind:

- 25 Meter Kraulbeine mit Startsprung
- 25 Meter Rückengleichschlag
- 25 Meter Delfin
- 25 Meter Brust mit einer Rolle vorwärts in der Beckenmitte
- 25 Meter Freistil

Tipp:

Variieren Sie bei den Aufgabenstellungen für den Fünfkampf und verknüpfen Sie diese mit den aktuellen Trainingsschwerpunkten!

60 neue Spiel-und Übungsformen

Glücksschwimmen

Gruppengröße: 4–28
Spieldauer: 5–10 Minuten
Hilfsmittel: Pfeife, Stoppuhr, Kopiervorlage S. 92
Ziel: Schnelligkeit

Beim Glücksschwimmen sprintet jeder Schwimmer über eine Distanz von 25 Metern. Anschließend rechnen Sie die Zeit in Punkte um, indem Sie die vordere Sekundenzahl von den Hundertsteln hinter dem Komma abziehen. Wer beispielsweise 17:84 Sekunden schwimmt, erhält 67 Punkte. Sieger ist, wer die geringste Punktzahl hat. Die Schwimmer werden also dazu motiviert, möglichst schnell zu schwimmen, denn je schneller sie ihre Bahn absolvieren, desto weniger Punkte werden abgezogen. Die Zahl hinter dem Komma bleibt dabei Glückssache. So können auch die langsameren Schwimmer als Sieger hervorgehen.

Tipp:

Wenn Sie die Schwimmer in 4er-Gruppen starten lassen, sparen Sie Zeit!

Schwimm-Training – mehr als nur Bahnen ziehen

Frage-Antwort-Spiel

Gruppengröße: bis 14
Spieldauer: 8–10 Minuten
Hilfsmittel: Pfeife, Quizfragen
Ziele: Schnelligkeit,
visuelle/akustische Informationsverarbeitung unter Zeitdruck

Die Schwimmer sprinten paarweise über eine Distanz von 25 Metern und bekommen jeweils am Ende der Bahn von Ihnen eine Quizfrage gestellt. Wer die Frage richtig beantwortet, erhält einen Punkt. Nach jedem Sprint werden die Partner gewechselt. Sieger des Frage-Antwort-Spiels ist, wer nach 6 Sprints die meisten Punkte hat.

Tipp:

- Achten Sie darauf, dass Sie dem langsameren Schwimmer eine kurze Erholungszeit einräumen, bevor sie Ihre Frage stellen!
- Stellen Sie leichte Fragen, die schnell beantwortet werden können!
- Splitten Sie die Punktevergabe: einen Punkt für den Sprintsieg und einen Punkt für die richtige Antwort. Das erhöht die Motivation, als Sieger aus dem Zweikampf hervorzugehen.

60 neue Spiel-und Übungsformen

Neun gewinnt!

Gruppengröße: 4–28
Spieldauer: 5–10 Minuten
Hilfsmittel: Pfeife, Stoppuhr
Ziel: Schnelligkeit

Stoppen Sie die Zeit von allen Schwimmern über einen 25-Meter-Sprint. Sieger des Sprints ist derjenige, dessen Zeit mit einer Neun endet. Das heißt, Schwimmer mit einer Endzeit von 13:39 Sekunden oder 17:29 Sekunden können als Gewinner aus dem Sprint hervorgehen. Bei einem Gleichstand kommt es zu einem Stechen. Bei diesem Spiel entscheidet das Glück, und so können auch die langsameren Schwimmer gewinnen.

Tipp:

Wenn Sie die Schwimmer in 4er-Gruppen starten lassen, sparen Sie Zeit!

Schwimm-Training – mehr als nur Bahnen ziehen

Taktiksprint

Gruppengröße: 12–32
Spieldauer: 8–10 Minuten
Hilfsmittel: keine
Ziele: Schnelligkeit, taktisches Verhalten

Teilen Sie die gesamte Gruppe in mehrere Teams auf. Zum besseren Verständnis wird das folgende Praxisbeispiel mit drei 4er-Gruppen erläutert: Innerhalb des 4er-Teams legen die Mannschaftsmitglieder die Reihenfolge vom ersten bis zum vierten Sprinter selbst fest. Diese Besprechung wird heimlich durchgeführt, denn die anderen Teams dürfen nicht erfahren, welcher Schwimmer auf welcher Position startet. Sind alle Schwimmer am Beckenrand startklar, geben Sie das Startsignal, indem Sie eine Zahl zwischen 1 und 4 rufen. Die angesprochenen Schwimmer sprinten über die vorgegebene Distanz und können Punkte für ihr Team sammeln. Der Erstplatzierte erhält drei Punkte, der Zweitplatzierte zwei und der Drittplatzierte einen Punkt. Das Team, das nach 3–4 Durchgängen die meisten Punkte hat, gewinnt.

Variation: Lassen Sie nach jedem Durchgang die Schwimmlage wechseln oder bauen Sie Zusatzaufgaben mit einem Brett oder Pullbuoy ein.

Tipp:

Bevor Sie eine Zahl das zweite Mal aufrufen, müssen alle Zahlen von 1–4 einmal von Ihnen genannt worden sein, damit die Belastung vergleichbar bleibt!

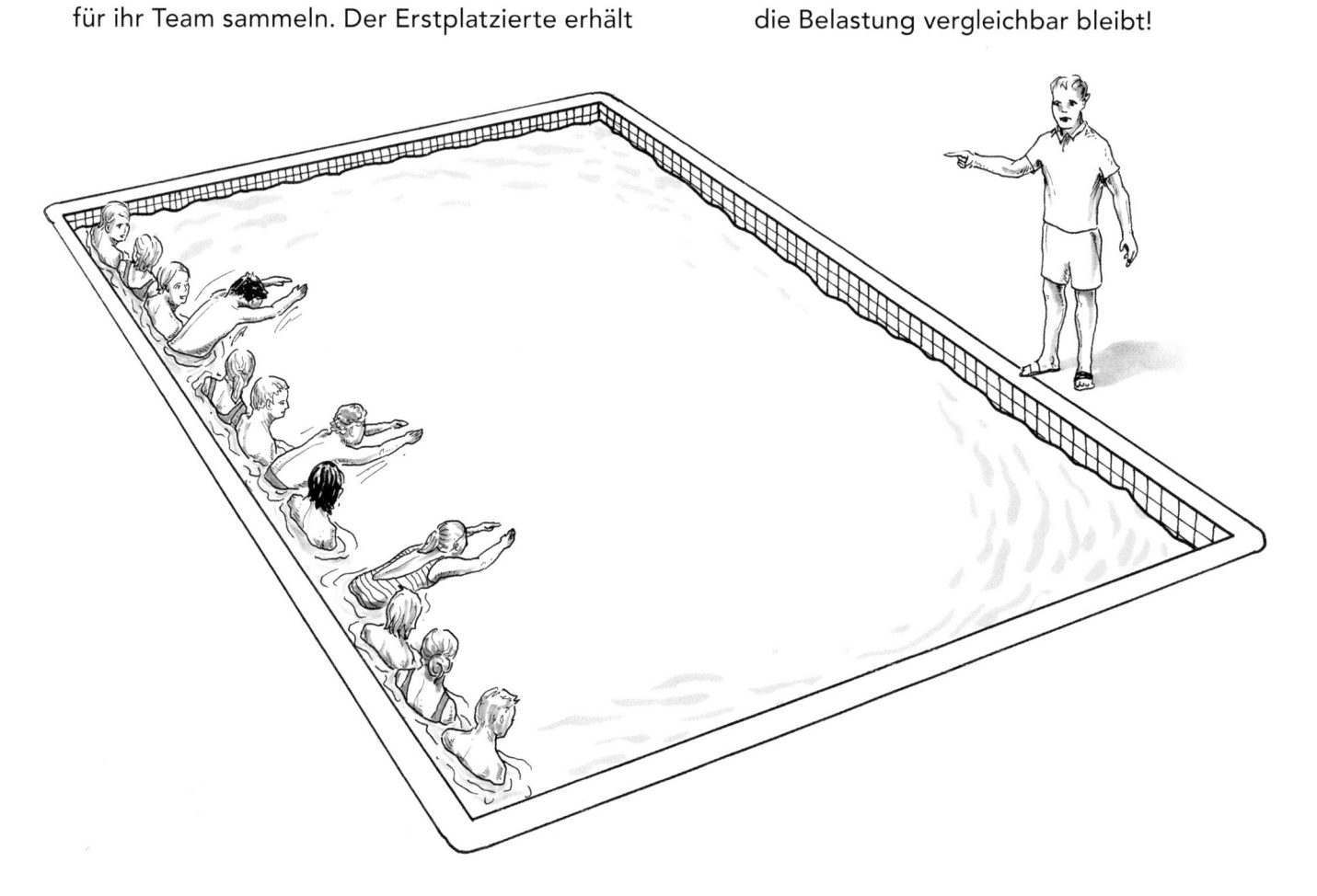

60 neue Spiel-und Übungsformen

Motivierende Staffelspiele

Staffelspiele sind in allen Altersstufen motivierende Trainingsformen. Der Gruppenwettkampf unterstützt den Mannschaftsgeist. Achten Sie bei Staffelspielen darauf, möglichst viele Teams zu bilden, damit die Schwimmer nicht zu lange warten müssen.

Biathlonstaffel

Gruppengröße: 8–28
Spieldauer: 8–10 Minuten
Hilfsmittel: Bälle, Hütchen, Pfeife
Ziele: Wurfgenauigkeit, Koordination

Bei der Biathlonstaffel treten zwei bis vier Staffelteams gegeneinander an. Jeder Staffelschwimmer muss zunächst einen 25-Meter-Sprint mit einem Ball absolvieren. Wie er diese Aufgabe löst, bleibt ihm selbst überlassen. 5 Meter vor dem Beckenrand wird der Ball auf ein Ziel geworfen. Hiefür bieten sich beispielsweise Hütchen auf den Startblöcken an. Bei einem Treffer krault der Schwimmer mit dem Ball so schnell wie möglich zum Staffelwechsel zurück. Wird das Ziel verfehlt, muss als „Strafe" der Ball zwischen den Oberschenkeln zurücktransportiert werden. Ihre Aufgabe besteht darin, die Bälle ins Wasser zurückzugeben und bei Treffern die Hütchen wieder aufzustellen.

Variation: Erhöhen Sie den Schwierigkeitsgrad bei geübten Schwimmern, indem Sie die Bälle in der Rückenlage zum Staffelwechsel zurücktransportieren lassen.

Tipp:

- Um Erfolgserlebnisse zu garantieren, sollten Sie ein Ziel auswählen, bei dem die Trefferwahrscheinlichkeit bei mindestens 50 % liegt.
- Markieren Sie die Abwurflinie am Beckenrand mit Hütchen.

Schwimm-Training – mehr als nur Bahnen ziehen

Vier gewinnt!

Gruppengröße: 4–12
Spieldauer: 8–10 Minuten
Hilfsmittel: Pfeife, Spielbrett des Spiels „Vier gewinnt", Chips
Ziele: visuelle Informationsverarbeitung unter Zeitdruck, Schnelligkeit

Beim Spiel „Vier gewinnt" treten immer zwei Mannschaften gegeneinander an. Jeweils ein Schwimmer eines Teams versucht nach dem Start, so schnell wie möglich in Richtung des Spielbretts zu schwimmen und einen Chip seiner Mannschaft einzuwerfen. Die Mannschaft, die als Erstes vier Chips der eigenen Farbe in einer Reihe eingeworfen hat – senkrecht, waagrecht oder diagonal – ist Sieger des Staffelspiels.

Tipp:

- Es ist empfehlenswert, eine kurze Schwimmstrecke zu wählen, damit keine zu langen Wartezeiten entstehen.
- Achten Sie bei der Einteilung darauf, dass sowohl leistungsstarke als auch schwächere Schwimmer in einer Mannschaft zusammenschwimmen.

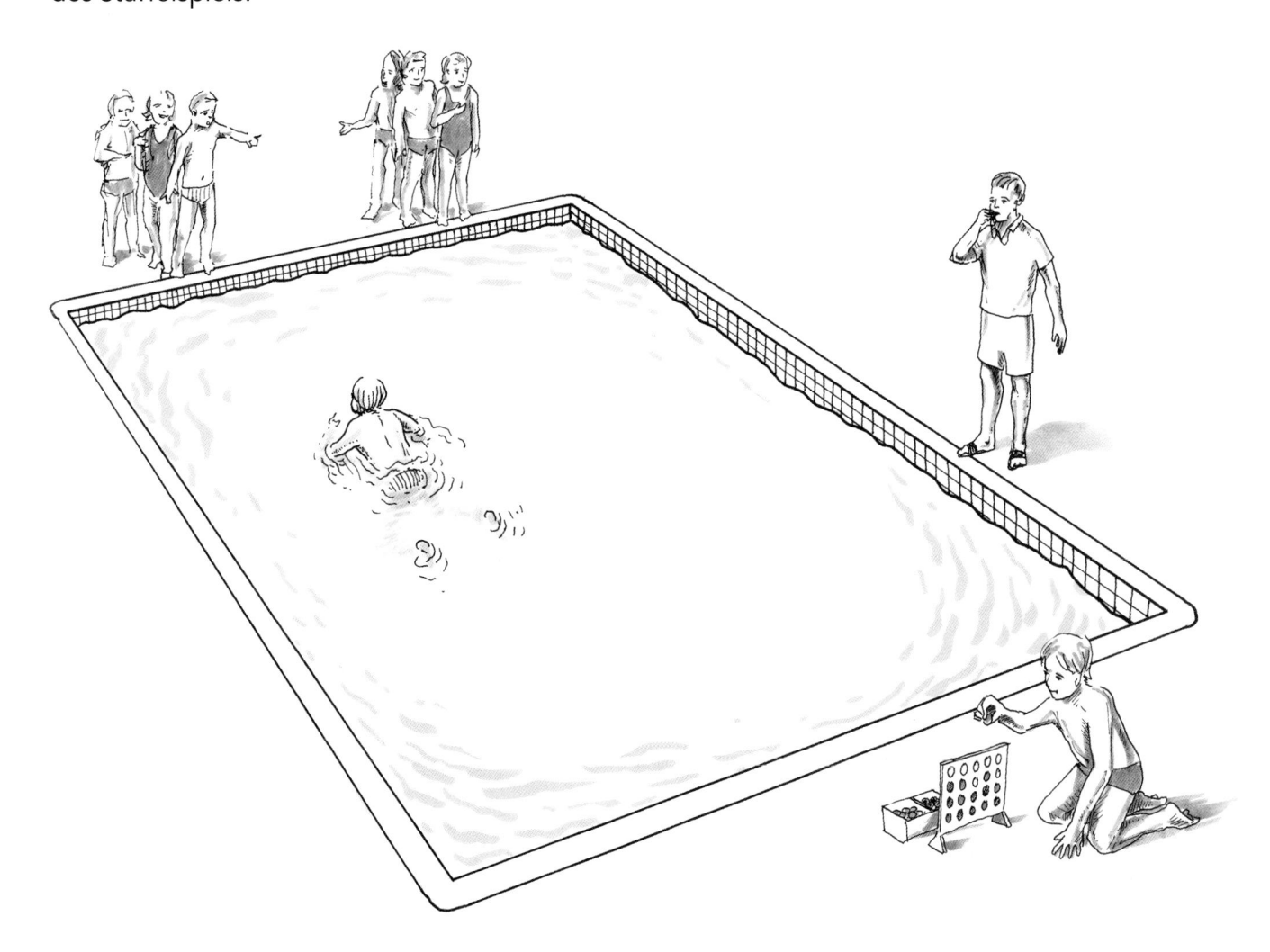

60 neue Spiel-und Übungsformen | 41

Weltrekordjagd

Gruppengröße: 8–16
Spieldauer: 5–8 Minuten
Hilfsmittel: Pfeife, Stoppuhr, Liste mit aktuellen Weltrekordzeiten
Ziele: Teamfähigkeit, Schnelligkeit

Ein abwechslungsreiches Staffelspiel ist die Weltrekordjagd. Hiefür benötigen Sie aktuelle Weltrekordzeiten, wie zum Beispiel die Zeit über 400 Meter Freistil. Ziel der Schwimmgruppe ist es, in einer 16 x 25-Meter-Staffel diesen Weltrekord auf der Kurzbahn anzugreifen. Bei weniger als 16 Schwimmern, kann ein konditionell starker Schwimmer auch 2- oder 3-mal an den Start gehen. Die Weltrekordzeit hat bei den Kindern und Jugendlichen einen sehr hohen Motivationscharakter, und so gehen sie mit maximalem Einsatz an den Start.

Tipp:

Das Staffelteam schwimmt gegen eine Zeit und nicht gegen eine andere Mannschaft. Dies fördert insbesondere den Teamgeist in der gesamten Gruppe.

Losstaffel

Gruppengröße: 8–24
Spieldauer: 5–8 Minuten
Hilfsmittel: Pfeife, Loszettel mit verschiedenen Schwimmlagen
Ziele: Teamfähigkeit, Schnelligkeit

Bei der Losstaffel treten immer vergleichbar starke Mannschaften gegeneinander an. Teilen Sie also die Schwimmer je nach Leistungsfähigkeit in verschiedene Mannschaften ein. Die Schwimmer einer Mannschaft legen dann selbst ihre Startreihenfolge fest. Steht die Startaufstellung, wird ausgelost, wer über welche Lage schwimmen muss.

Beispiel für eine Startreihenfolge:
1. Schwimmer = Kraul
2. Schwimmer = Brust
3. Schwimmer = Rücken
4. Schwimmer = Delfin
5. Schwimmer = Brust
6. Schwimmer = Rücken

Tipp:
Bei jüngeren Schwimmern sollten Sie nur Schwimmlagen auslosen, die technisch gut beherrscht werden.

60 neue Spiel-und Übungsformen

Seilstaffel

Gruppengröße: 8–28
Spieldauer: 5–8 Minuten
Hilfsmittel: Seile
Ziele: Teamfähigkeit, Kraftausdauer in den Armen

Bei der Seilstaffel treten zwei oder mehr Mannschaften zu einem Wettschwimmen gegeneinander an. Der Startschwimmer nimmt das Seil in die Hand, schwimmt eine Bahn, schlägt dort am Beckenrand an und wird dann von seinem Team am Seil zurückgezogen. Ist er am Beckenrand angekommen, darf der nächste Staffelschwimmer ins Wasser.

Tipp:

Die Seilstaffel können Sie auch über die Querbahn durchführen, so benötigen Sie weniger lange Seile und ermöglichen schnellere Wechsel.

Schwimm-Training – mehr als nur Bahnen ziehen

T-Shirt-Staffel

Gruppengröße: 8–28
Spieldauer: 5–8 Minuten
Hilfsmittel: T-Shirts
Ziele: Koordination, Kraftausdauer, Teamfähigkeit

Bei diesem Staffelspiel erhält jede Mannschaft ein großes T-Shirt. Der Startschwimmer schlüpft in das T-Shirt, springt beim Startpfiff ins Wasser und sprintet, so schnell er kann, über eine oder zwei Bahn(en). Dann muss er schnell wieder aus dem Wasser, das T-Shirt ausziehen und es dem nächsten Starter übergeben. Gewonnen hat die Mannschaft, die mit ihrem Schlussschwimmer als Erstes wieder am Beckenrand anschlägt.

Variation: Nach jedem Wechsel wird ein Kleidungsstück mehr angezogen.

Tipp:
Die Staffel lässt sich auch gut über die Querbahn durchführen.

60 neue Spiel-und Übungsformen

Mensch ärgere dich nicht

Gruppengröße: 8–28
Spieldauer: 15–20 Minuten
Hilfsmittel: Pfeife, Spielplan von „Mensch ärgere dich nicht", Spielfiguren, Würfel
Ziel: Schnelligkeit

Der Klassiker unter den Spielen, „Mensch ärgere dich nicht", wird als Staffelspiel zu einem spannenden Wettspiel. Jedes Team versucht, sich über die Spielfeldstrecke ins Ziel zu würfeln: Wer am Beckenrand ankommt, würfelt und setzt die Spielfigur seiner Farbe um die gewürfelte Augenzahl auf dem Spielfeld vor. Sieger ist die Mannschaft, die als Erste ihre Spielsteine „nach Hause" gebracht hat.

Tipp:

- Legen Sie das Spielbrett so nah wie möglich an den Beckenrand, damit die Schwimmer zum Würfeln nicht extra aus dem Wasser heraus müssen.
- Stellen Sie sich in die Nähe des Spielbretts, um auf die Einhaltung der Spielregeln achten zu können.

Schwimm-Training – mehr als nur Bahnen ziehen

Überraschungsstaffel

Gruppengröße: 8–28
Spieldauer: 5–8 Minuten
Hilfsmittel: Karten, die mit verschiedenen Schwimmlagen beschriftet sind
Ziel: Schnelligkeit

Bei dieser Staffel treten zwei bis vier Mannschaften gegeneinander an. Der Startschwimmer schwimmt so schnell wie möglich die erste Bahn bis zum Beckenrand. Dort dreht er von einem Kartenstapel die oberste Karte um. Auf dieser Karte steht, in welcher Schwimmlage er zurückschwimmen muss. Alle erhalten die gleichen Karten, allerdings gut gemischt, sodass sich für die Staffelteams unterschiedliche Reihenfolgen ergeben.

Variation:
Mischen Sie unter die Karten einen oder mehrere Joker. Wird ein Joker aufgedeckt, darf der Schwimmer seine Schwimmlage selbst wählen.

Tipp:
Bedenken Sie bei der Zusammenstellung der Karten das Leistungsniveau Ihrer Schwimmgruppe.

60 neue Spiel-und Übungsformen

Aufräumstaffel

Gruppengröße: 8–28
Spieldauer: 5–8 Minuten
Hilfsmittel: Schwimmbretter, Pullbuoys, Tauchringe, weitere Schwimmhilfen, Pfeife
Ziele: Koordination, Orientierungsfähigkeit unter Zeitdruck

Die Aufräumstaffel ist ein sehr abwechslungsreiches Wettspiel. Verteilen Sie dafür verschiedene Schwimmhilfen im gesamten Becken und teilen Sie die Gruppe in zwei bis vier Staffelteams ein. Eröffnen Sie die Staffel mit einem Startpfiff: Der erste Staffelschwimmer springt ins Wasser und versucht, so schnell wie möglich ein Schwimmgerät aus dem Becken zu fischen. Mit diesem schwimmt er zu seiner Mannschaft zurück, schlägt am Beckenrand an und gibt damit den Start für den nächsten Schwimmer frei.

Das Spiel ist beendet, wenn alle Geräte aus dem Wasser gefischt wurden. Sieger ist die Staffelmannschaft, welche die meisten Schwimmgeräte eingesammelt hat.

Tipp:

Beim Staffelwechsel muss der Sprung ins Wasser nach vorne erfolgen, damit es für die Schwimmer nicht gefährlich wird. Der Startsprung zur Seite in Richtung des Zielobjekts ist verboten.

48 | Schwimm-Training – mehr als nur Bahnen ziehen

Die Rotationsstaffel

Gruppengröße: 8–28
Spieldauer: 5–8 Minuten
Hilfsmittel: keine
Ziele: Koordination, Orientierungsfähigkeit unter Zeitdruck

Bei der Rotationsstaffel treten zwei bis vier Mannschaften gegeneinander an. Aufgabe der Schwimmer ist es, in der Beckenmitte eine Drehung um die Körperbreitenachse zu machen und anschließend wieder in die gleche Richtung weiterzuschwimmen. Wählen Sie also eine Schwimmlage, die es allen Schwimmern ermöglicht, eine Drehung um die eigene Achse zu vollführen.

Variation:
Eine besonders anspruchsvolle Variante der Drehung um die Körperbreitenachse ist es, wenn diese in der Rückenlage ausgeführt werden muss.

Tipp:
Bevor Sie die Rotationsstaffel in Ihre Schwimmstunde einplanen, müssen Drehungen um die Körperlängs- und Körperbreitenachse geübt werden. Durch den Wettkampfcharakter wird der Schwierigkeitsgrad noch erhöht.

60 neue Spiel-und Übungsformen

Spielideen zur Verbesserung der Koordination und des Zeitgefühls

Das Alter zwischen 10–12 Jahren ist auch die Phase der besten motorischen Lernfähigkeit. Diese sensible Phase gilt es zu nutzen. Eine spielerische Koordinationsschulung gehört daher in jedes Schwimm-Training für Kinder und Jugendliche.

Begegnungsspiel

Gruppengröße: ab 4
Spieldauer: 5 Minuten
Hilfsmittel: Pfeife
Ziele: Orientierungs- und Differenzierungsfähigkeit, Schnelligkeit

Beim Begegnungsspiel bilden immer zwei Schwimmer ein Team, das zu einem Wettschwimmen gegen andere 2er-Teams antritt. Die beiden Partner starten im Wasser von der jeweils anderen Beckenseite aus. Treffen sie sich in der Beckenmitte, klatschen sie sich an den Händen ab und kraulen so schnell wie möglich wieder zu ihrer Seite zurück. Sieger des Wettschwimmens ist das Team, das als Erstes den Beckenrand erreicht, das heißt, beide Partner müssen angeschlagen haben.

Tipp:

- Bis zum Abklatschen in der Beckenmitte sollten die Schwimmer brustschwimmen und auf den Tauchzug verzichten, damit sie ihren Partner sehen können und nicht mit ihm zusammenstoßen.
- Lassen Sie die Schwimmer aus Sicherheitsgründen auf keinen Fall mit Startsprung starten!

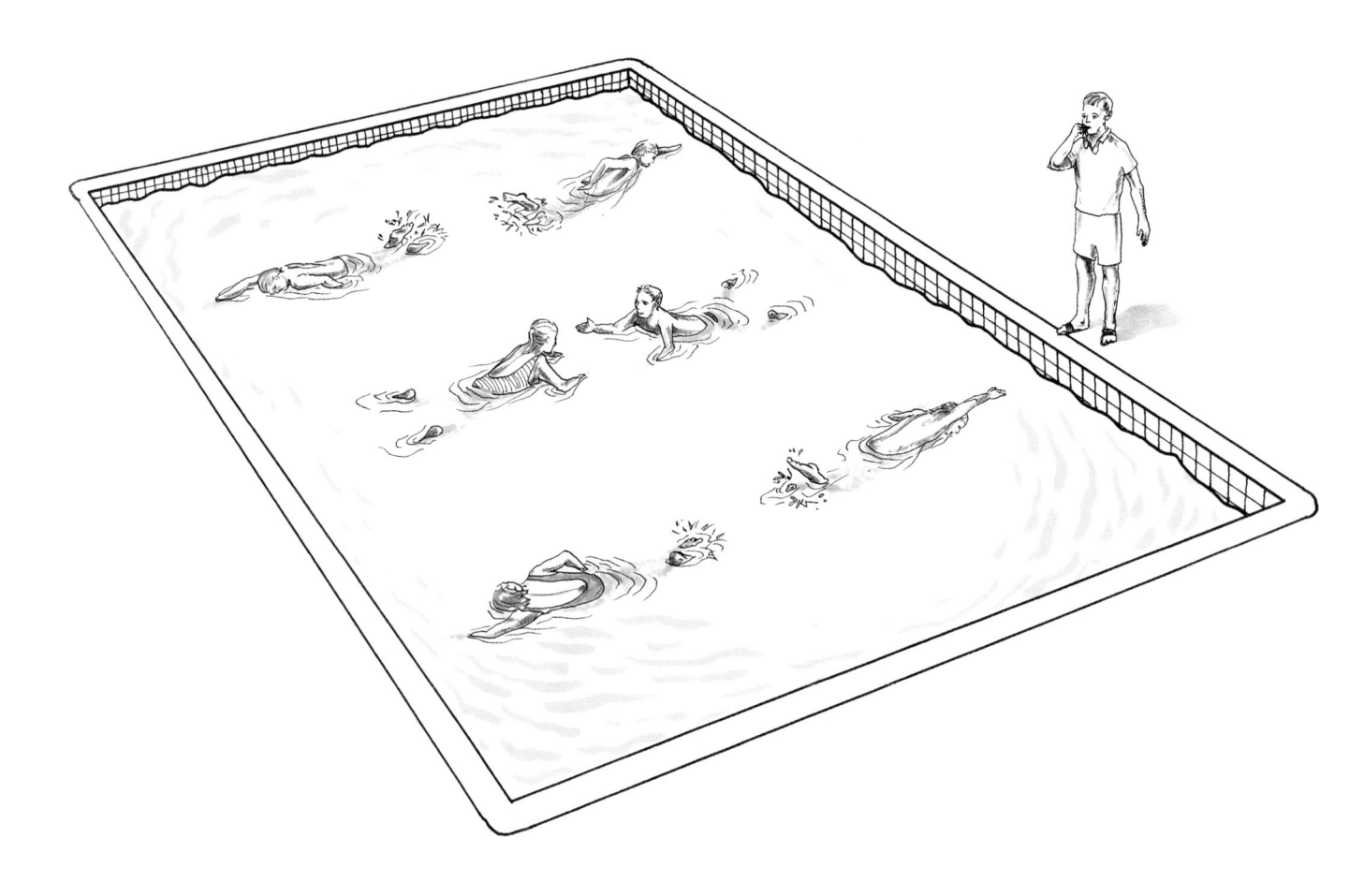

Schwimm-Training – mehr als nur Bahnen ziehen

Zugfrequenzspiel

Gruppengröße: 4–12
Spieldauer: 5–10 Minuten
Hilfsmittel: Stoppuhr, Pfeife, Kopiervorlage S. 93
Ziele: Differenzierungsfähigkeit, Gleitfähigkeit

Beim Zugfrequenzspiel muss jeder Schwimmer einen Sprint über 25 Meter absolvieren. Diese Strecke soll er jedoch mit möglichst wenigen Armzügen bewältigen. Auch Sie sind bei diesem Spiel doppelt gefordert, denn es muss nicht nur die Zeit gestoppt werden, sondern auch die Anzahl der Armzüge mitgezählt werden. Sieger des Spiels ist der Schwimmer, der in der Multiplikation seiner Zeit mit der Zugzahl die geringste Summe erreicht.

Variation:
Wer kommt mit beispielsweise 20 Armzügen am weitesten?

Tipp:
Beim Kraul- und Rückenschwimmen wird die Anzahl der Doppelzüge gezählt!

60 neue Spiel-und Übungsformen

Kopf hoch

Gruppengröße: 4–12
Spieldauer: 5 Minuten
Hilfsmittel: keine
Ziel: Differenzierungsfähigkeit

Eine sehr spaßige Spielform ist ein Sprung vom Startblock, bei dem die Schwimmer die Aufgabe bekommen, ihren Kopf bei der Landung über der Wasseroberfläche zu halten. Jeder hat mindestens zwei Versuche, sich daran auszuprobieren. Wem gelingt es, die Aufgabe zu lösen?

Tipp:
Jüngere Schwimmer sollten Sie vom Beckenrand aus springen lassen.

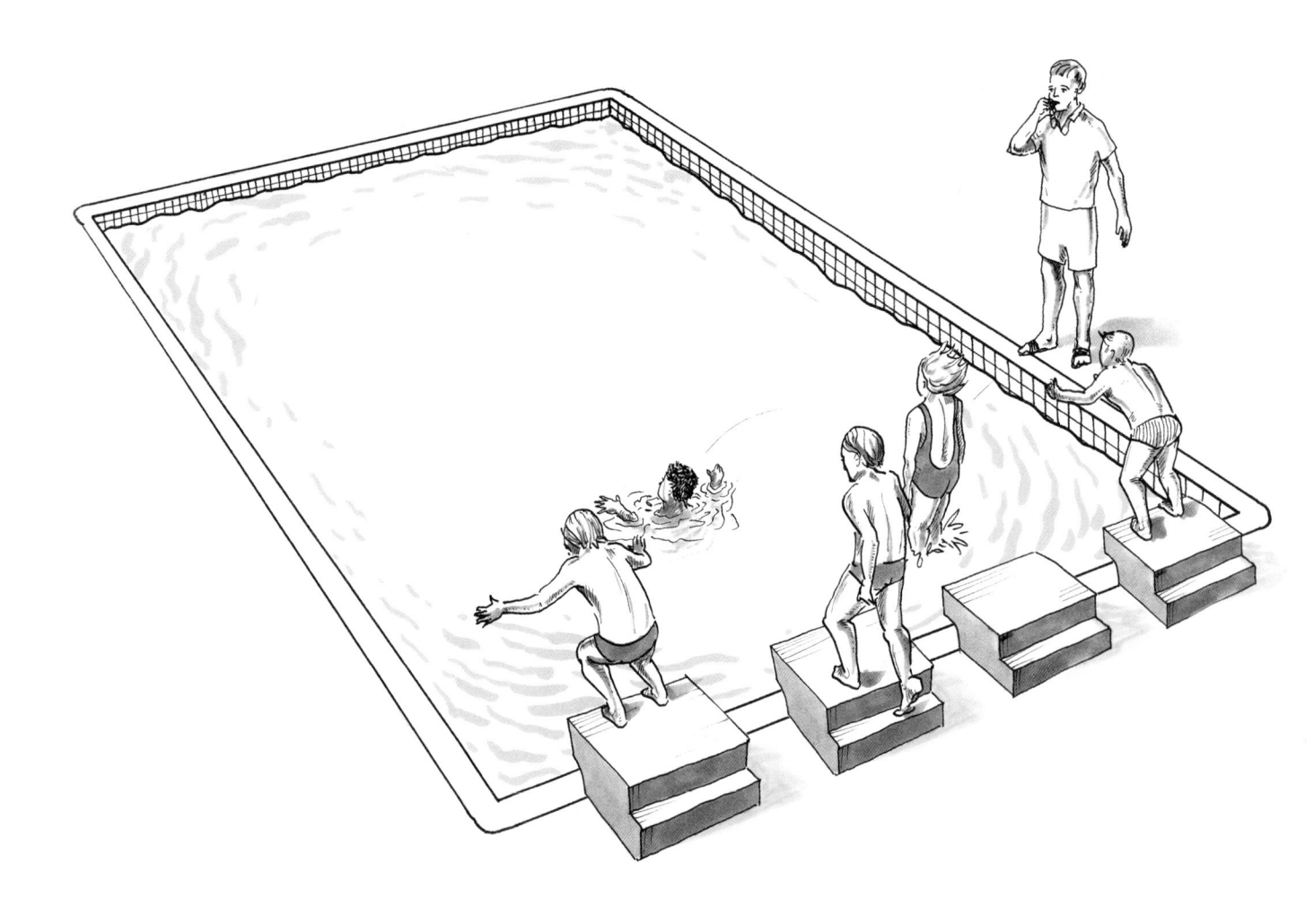

Schwimm-Training – mehr als nur Bahnen ziehen

Differenzzeitschwimmen

Gruppengröße: 4–20
Spieldauer: 20–25 Minuten
Hilfsmittel: Kopiervorlage S. 94
Ziel: Zeitgefühl, Sprintausdauer

Bei dieser Spielform wird in zwei Gruppen geschwommen, sodass jeder einen Partner hat, der die Zeiten aufschreibt. Alle müssen 10-mal 25 Meter schwimmen, wobei die Zeiten vom Partner aufgeschrieben werden. Zum Schluss wird die Differenz zwischen der schnellsten und langsamsten Zeit errechnet. Wer hat das kleinste Differenzkonto? Der Schwimmer mit der geringsten Zeitdifferenz hat gewonnen.

Tipp:

- Das Differenzzeitschwimmen können Sie unabhängig von der Schwimmart durchführen.
- Diese Spielform kann natürlich auch über 5 x 25 Meter durchgeführt werden.

60 neue Spiel- und Übungsformen

Steigerungsschwimmen

Gruppengröße: 4–20
Spieldauer: 10–15 Minuten
Hilfsmittel: Pfeife, Stoppuhr, Kopiervorlage S. 95
Ziel: Zeitgefühl

Beim Steigerungsschwimmen muss jeder Schwimmer 6-mal über eine Distanz von 25 Metern schwimmen. Ziel ist es, seine eigene Endzeit mit jedem Sprint zu verbessern. Sieger des Steigerungsschwimmens sind diejenigen, denen es gelingt, ihre Zeit 5-mal in Folge zu steigern.

Variation: Bei geübten Schwimmern können Sie die ersten 3 und die letzten 3 Sprints in verschiedenen Lagen durchführen lassen.

Tipp:

Geben Sie für den ersten Sprint eine zeitliche Obergrenze an, die nicht unterschritten werden darf.

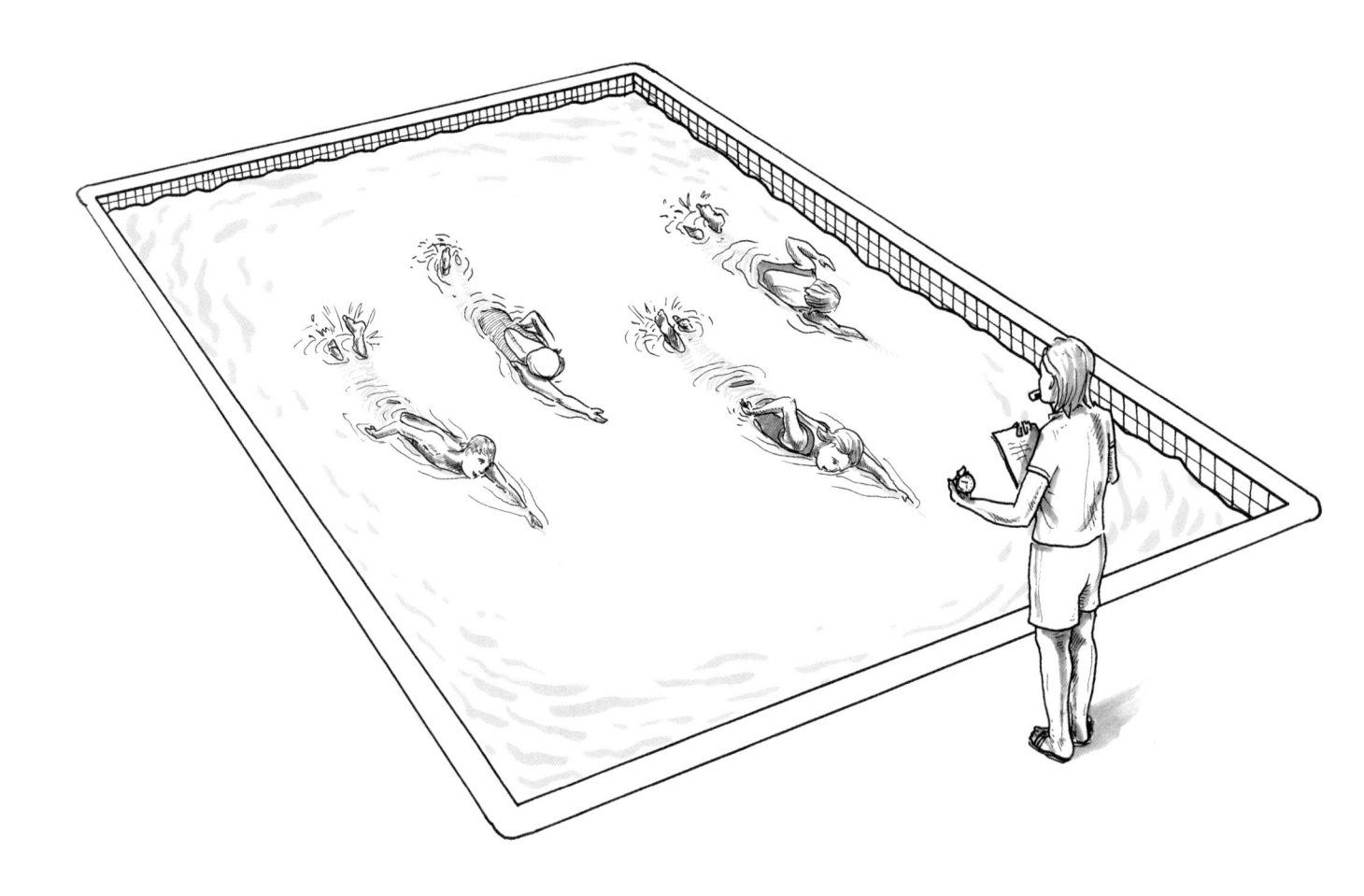

Schwimm-Training – mehr als nur Bahnen ziehen

Paarschwimmen

Gruppengröße: 4–20
Spieldauer: 5–8 Minuten
Hilfsmittel: Pfeife, Stoppuhr, Kopiervorlage S. 96
Ziele: Zeitgefühl, Teamfähigkeit

Beim Paarschwimmen bilden immer ein jüngerer und ein älterer Schwimmer ein Team. Der Jüngere von beiden schwimmt als Erster über eine Distanz von 25 Metern. Der Partner schätzt am Beckenrand die Zeit ab, während Sie die genaue Zeit stoppen. Dann geht der ältere Partner ins Wasser und versucht, die gleiche Zeit wie die seines jüngeren Teamkollegen zu schwimmen. Das Team mit der geringsten Zeitdifferenz gewinnt das Paarschwimmen.

Tipp:

Wenn möglich, sollten Sie beim Paarschwimmen insgesamt 2 Durchgänge durchführen, sodass auch der ältere Schwimmer einmal eine Zeit vorgeben darf, die der jüngere Schwimmer zu treffen versucht.

Unterwasserkraulen

Gruppengröße: 4–12
Spieldauer: 5–8 Minuten
Hilfsmittel: keine
Ziel: Koordination

Wer kann über eine Distanz von 12,5 Metern die gesamte Kraulbewegung komplett unter Wasser durchführen? Die Schwierigkeit liegt also darin, dass die Armbewegung auch in der Rückholphase unter der Wasseroberfläche stattfindet.

Variation: Eine anspruchsvolle Variante ist das Delfinschwimmen unter Wasser.

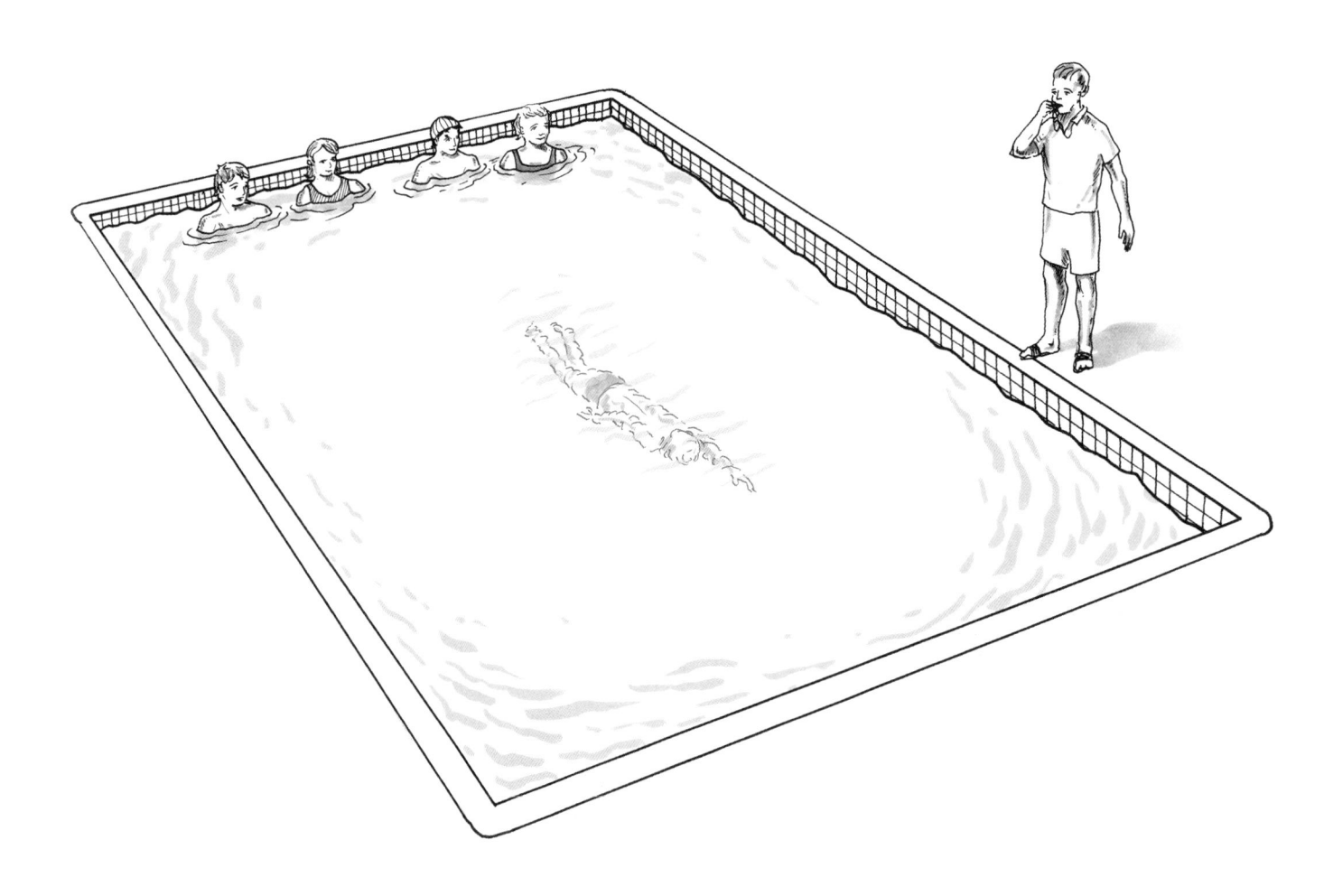

Tipp:

Lassen Sie aus Sicherheitsgründen immer nur einen Schwimmer die Übung durchführen.

Zwillingsrennen

Gruppengröße: 4–20
Spieldauer: 5–8 Minuten
Hilfsmittel: Pfeife, Stoppuhr, Kopiervorlage S. 97
Ziele: Zeitgefühl, Differenzierungsfähigkeit

Nach dem Einschwimmen absolvieren die Schwimmer einen Sprint über 25 Meter. Sie notieren sich die Endzeiten, teilen diese aber den Schwimmern nicht mit. Vor dem Ausschwimmen sprinten die Schwimmer noch einmal über die gleiche Strecke. Ziel ist es, die gleiche Zeit wie bei Stundenbeginn zu erreichen. Der Schwimmer mit der geringsten Zeitdifferenz gewinnt.

Variation: Ein dritter Start in der Mitte der Trainingseinheit.

Tipp:
Diese Spielform eignet sich für alle Schwimmlagen, ist aber natürlich abhängig vom Leistungsstand Ihrer Gruppe.

60 neue Spiel-und Übungsformen

Timingspiel

Gruppengröße: 4–20
Spieldauer: 5 Minuten
Hilfsmittel: Stoppuhr, Pfeife, Kopiervorlage S. 98
Ziel: Zeitgefühl

Die Schwimmer dürfen sich selbst eine Zeit für 25 Meter vorgeben, die sie erreichen möchten. Dann gilt es, diese Zeit zu schwimmen. Wer seiner gesetzten Zeit am nächsten kommt, ist Sieger des Timingspiels.

Tipp:

Bauen Sie das Timingspiel immer wieder in Ihr Training ein, denn die Schwimmer werden sehr schnell feststellen, dass sie eine Zeit, die der eigenen Bestzeit sehr nahe ist, am ehesten erreichen können. Auf diese Weise können Sie das Timingspiel mit einer Schnelligkeitsschulung verbinden.

Schwimm-Training – mehr als nur Bahnen ziehen

Synchronschwimmen

Gruppengröße: bis 20
Spieldauer: 8–10 Minuten
Hilfsmittel: keine
Ziele: Rhythmisierungs- und Differenzierungsfähigkeit, Kooperations- und Orientierungsfähigkeit

Zwei Schwimmer versuchen, nebeneinander im gleichen Bewegungsrhythmus eine oder mehrere Bahn(en) zu schwimmen. Es wird beispielsweise beim Brustschwimmen immer gleichzeitig geatmet. Welches Paar schafft es, synchron zu schwimmen?

Variation: Welche 4er-Gruppe kann synchron schwimmen?

Tipp:
Das Synchronschwimmen können Sie bei jeder Schwimmlage einsetzen.

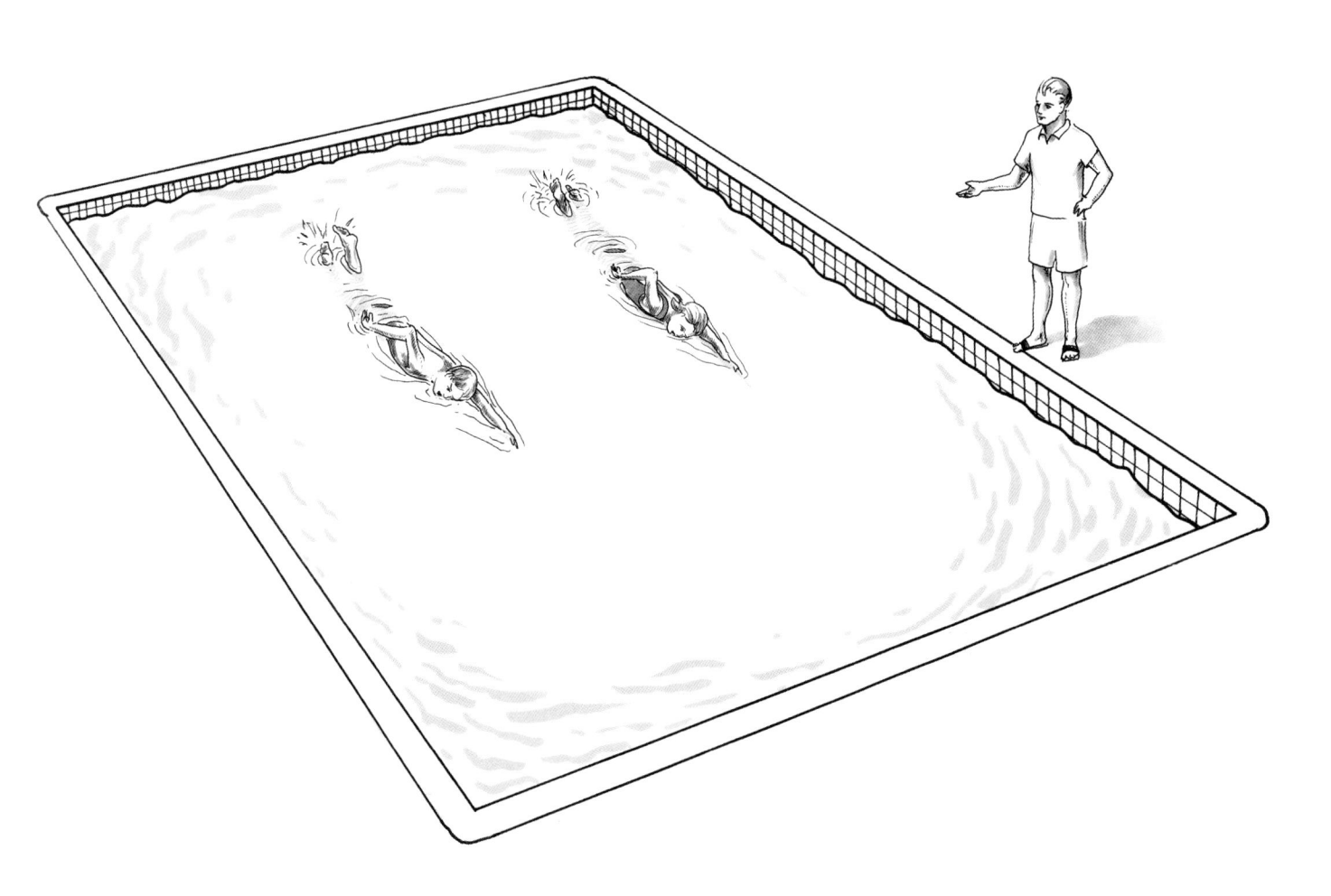

Spielideen zur Verbesserung der aeroben Ausdauer und Kraftausdauer

Eine verbesserte Ausdauerleistung beschleunigt die Regenerationszeit und wirkt sich positiv auf die Konzentrations- und Leistungsfähigkeit aus. Ein regelmäßiges Ausdauertraining ist daher sowohl im Kindes- als auch im Jugendalter sinnvoll.

1000-Meter-Würfelspiel

Gruppengröße: 4–12
Spieldauer: 15–20 Minuten
Hilfsmittel: Schaumstoffwürfel, Schwimmbretter, Aufgabenplakat zur Visualisierung, Kopiervorlage S. 99
Ziele: Ausdauer, Vielseitigkeitsschulung aller Schwimmlagen

Für das 1000-Meter-Würfelspiel gilt: Erst würfeln, dann schwimmen. Hinter jeder Zahl verbirgt sich eine Aufgabe, die der Schwimmer erfüllen muss.

Beispiel:
- ⚀ 100 Meter Kraul mit 3er-Atmung
- ⚁ 50 Meter Beinschlag mit dem Schwimmbrett
- ⚂ 50 Meter Rücken
- ⚃ 200 Meter Lagen
- ⚄ 50 Meter Brust
- ⚅ 6-mal Liegestützen

Alle Schwimmer müssen einmal gewürfelt haben, bevor zeitgleich im Wasser gestartet wird. Wer in der Addition aller Aufgaben als Erstes 1000 Meter erreicht, hat gewonnen.

Variation:
- Das Spiel ist erst dann beendet, wenn drei Schwimmer 1000 Meter erreicht haben.
- Wird eine Sechs gewürfelt, gibt es einen Bonus von 50 Metern.

Tipp:
- Lassen Sie sich von den Schwimmern die Zahl zurufen, die gewürfelt wurde. So ist es leichter, den Überblick zu behalten.
- Orientieren Sie sich bei der Auswahl der Aufgaben am Leistungsstand Ihrer Schwimmgruppe.

Schwimm-Training – mehr als nur Bahnen ziehen

Zeittreffspiel

Gruppengröße: 8–32
Spieldauer: 20–25 Minuten
Hilfsmittel: Pfeife, Stoppuhr
Ziele: Team- und Kommunikationsfähigkeit

Teilen Sie die Gruppe in verschiedene Mannschaften mit jeweils vier oder acht Schwimmern auf. Die Teams müssen acht verschiedene Aufgaben meistern, wobei immer ein Schwimmer einer Mannschaft eine oder zwei „Spezialaufgabe(n)" zu lösen hat. Die Aufgaben werden von Ihnen bekannt gegeben. Die Teams bestimmen dann, welcher Schwimmer ihrer Mannschaft mit seiner „Spezialaufgabe" zu einem Wettschwimmen mit einem Teammitglied der gegnerischen Seite antreten muss. Erfolgt von Ihnen der Startpfiff, geht es ins Wasser: Alle Teammitglieder schwimmen hinter ihrem ausgewählten Schwimmer her, der versucht, einen Punkt für seine Mannschaft zu holen. Sieger ist das Team, das nach acht „Spezialaufgaben" die meisten Punkte sammeln konnte.

Spezialaufgaben:
100 Meter Brust in 1:55:00 Minuten
100 Meter Lagen in 2:00:00 Minuten
100 Meter Kraul in 1:40:00 Minuten
100 Meter Rücken in 2:30:00 Minuten

Tipp:
- Passen Sie die „Spezialaufgaben" dem Leistungsstand Ihrer Gruppe an.
- Mit Kindern bis 10 Jahren können Sie das Spiel auch über die 50-Meter-Strecke durchführen.

Sturm – Flaute – Tornado

Gruppengröße: bis 30
Spieldauer: 5–10 Minuten
Hilfsmittel: keine
Ziel: Reaktionsschnelligkeit

Das Becken stellt das Meer dar. Die Kinder und Jugendlichen schwimmen im Meer und sind dort dem Wetter schutzlos ausgeliefert. Auf Ihren Zuruf führen sie so schnell wie möglich folgende Bewegungsaufgaben durch:
- **Sturm:** Keine Chance – schnell weg! Alle schwimmen zur Stirnseite des Beckens.
- **Flaute:** Schnell sich ein wenig ausruhen! Alle legen sich auf den Rücken.
- **Tornado:** Rette sich, wer kann! Alle verlassen das Schwimmbecken und setzen sich an den Beckenrand.

Lassen Sie zwischen Ihren Zurufen nicht zu viel Zeit vergehen, damit das Spiel auch ausdauernd wirkt.

Variation: Bauen Sie mit der Zeit noch mehr Elemente in das Spiel ein, damit es spannend bleibt:
- **Regen:** Alle spritzen Wasser in die Höhe.

Tipp:
Das Spiel können Sie auch gut zum Aufwärmen einsetzen.

Lagen-Mix

Gruppengröße: bis 8
Spieldauer: 8 Minuten
Hilfsmittel: Pfeife, Stoppuhr, Kopiervorlage S. 100
Ziele: Ausdauer, Wahrnehmung der eigenen Leistungsfähigkeit

Beim Lagen-Mix wird 8 Minuten lang ohne Unterbrechung geschwommen. Jeder Schwimmer entscheidet selbst, welche Lage er in dieser Zeit schwimmen möchte. Es ist auch möglich, die Schwimmlage zu wechseln. Je nach Schwimmlage vergeben Sie Punkte:

- 1 Punkt für eine Bahn Brust
- 2 Punkte für eine Bahn Kraul
- 3 Punkte für eine Bahn Rücken
- 4 Punkte für eine Bahn Delfin

Nach 8 Minuten ist der Lagen-Mix beendet. Hat ein Schwimmer beim Schlusspfiff gerade eine neue Bahn begonnen, können Sie Teilpunkte geben. Sieger ist der Schwimmer, der die meisten Punkte gesammelt hat.

Tipp:

- Je nach Leistungsstand der Gruppe, können Sie auch bestimmte Schwimmlagen vorgeben, die geschwommen werden dürfen, oder die Punktevergabe anders regeln.
- Führen Sie als Regel ein, dass die gewählte Schwimmlage über zwei Bahnen beibehalten werden muss. Dies erleichtert es Ihnen, die Punkte für die einzelnen Schwimmer zu zählen.

60 neue Spiel- und Übungsformen

Ausdauer-Kartenspiel

Gruppengröße: bis 30
Spieldauer: 10–15 Minuten
Hilfsmittel: laminierte Karten mit verschiedenen Aufgaben, verschiedenen Schwimmhilfen
Ziel: Ausdauer

Für das Ausdauer-Kartenspiel gilt: Erst eine Karte aufdecken, dann schwimmen. Auf jeder Karte steht eine Aufgabe, die erfüllt werden muss. Wer seine Aufgabe gelöst hat, deckt die nächste Karte vom Stapel auf. Gewonnen hat, wer als Erstes fünf Aufgaben gelöst hat.

Beispiele:
2 Bahnen Kraulschwimmen
2 Bahnen Brustschwimmen mit Brett
4 Bahnen Delfinschwimmen
4 Bahnen Rückenschwimmen
6 Bahnen nach freier Wahl

Tipp:
- Lassen Sie zu Beginn die Schwimmer bei Ihnen eine Karte ziehen, bevor zeitgleich im Wasser gestartet wird.
- Geben Sie auf den Karten unterschiedliche Bahnenzahlen an, sodass auch leistungsschwächere Schwimmer eine Siegchance haben.

Schwimm-Training – mehr als nur Bahnen ziehen

Schere – Stein – Papier

Gruppengröße: bis 30
Spieldauer: 10 –15 Minuten
Hilfsmittel: Bretter und weitere Schwimmhilfen, die im Bad vorhanden sind
Ziele: Ausdauer, Kreativität

„Schere – Stein – Papier" ist ein beliebtes und bekanntes Knobelspiel. Es wird ausschließlich mit den Händen gespielt: Nachdem auf drei gezählt wurde, formt jeder Spieler ein Symbol mit der Hand. Die Symbole können sich gegenseitig schlagen:

- Die **Schere** schneidet das **Papier**
- Das **Papier** wickelt den **Stein** ein
- Der **Stein** stumpft die **Schere** ab

Entscheiden sich beide Spieler für dasselbe Symbol, wird das Spiel als Unentschieden gewertet und wiederholt.

Im Wasser spielen immer zwei Schwimmer „Schere – Stein – Papier". Der Sieger bestimmt, welche Schwimmlage über zwei Bahnen geschwommen wird. Er schwimmt voraus, und der Verlierer hängt sich hinten an, darf aber nicht überholen. Nach zwei Bahnen wird eine neue Runde „Schere – Stein – Papier" gespielt.

Variation: Nach jedem Durchgang wird der Spielpartner gewechselt.

Tipp:

Die Sieger können sich auch Bewegungsaufgaben einfallen lassen, wie man zwei Bahnen schwimmend absolvieren kann. Das fördert die Kreativität!

Zeitschätzspiel

Gruppengröße: bis 12
Spieldauer: 3–6 Minuten
Hilfsmittel: Stoppuhr
Ziele: Ausdauer, Zeitgefühl

Sie geben vor: 4 Minuten schwimmen, und wenn die Zeit um ist, unter die Trennleine auf die andere Seite tauchen. Dort wird weitergeschwommen, bis alle die Seite gewechselt haben. Wer hat ohne eine Uhr im Blick zu haben die genaue Zeit erreicht?

Tipp:

Notieren Sie sich die Zeiten aller Schwimmer beim Seitenwechsel, um am Ende bekannt geben zu können, wer am nächsten an der Zielzeit dran war.

Schwimm-Training – mehr als nur Bahnen ziehen

Kooperationsschwimmen

Gruppengröße: bis 16
Spieldauer: 5 Minuten
Hilfsmittel: Pfeife, Stoppuhr
Ziele: Kooperationsfähigkeit,
Kraftausdauer für die Arm- und Beinmuskulatur

Immer zwei Schwimmer bilden ein Team, das zu einem Wettschwimmen über 25 Meter gegen ein anderes Paar antritt. Gestartet wird im Wasser, wobei sich der Hintermann an den Füßen seines Vordermanns festhält. Der Vordermann führt die Kraularmbewegung aus, der Hintermann ist für den Beinschlag verantwortlich. Welches Team ist schneller?

Variation:
- Der hintere Partner liegt in Rückenlage.
- Der Vordermann führt die Brustarmbewegung aus, der Hintermann unterstützt durch den Kraulbeinschlag.

Tipp:
Der Vordermann sollte seine Beine möglichst still halten, damit es dem Hintermann nicht so schwerfällt, sich daran festzuhalten.

60 neue Spiel- und Übungsformen | 71

Balltreiben

Gruppengröße: 4–20
Spieldauer: 5–8 Minuten
Hilfsmittel: Luftballons, wasserfester Stift
Ziele: Kraftausdauer für die Beinmuskulatur

Jeder erhält von Ihnen einen Luftballon, der aufgeblasen und mit dem Namen beschriftet wird. Dann geht es ins Wasser: Alle stehen mit dem Rücken zur Beckenwand, setzen die Ballons auf die Wasseroberfläche und legen die Arme nach hinten auf den Beckenrand. Sind alle bereit, rufen Sie das Kommando: *„Auf die Plätze … strampelt … LOS!"*, und alle versuchen, durch wildes Strampeln ihren Ballon so weit wie möglich wegzutreiben.

Mit dem Schlusspfiff nach etwa 20 Sekunden müssen alle sofort ihre Beinbewegung einstellen. Gewonnen hat derjenige, dessen Ballon am weitesten gekommen ist.

Tipp:

Für ein effektives Krafttraining sollten Sie 2–3 Wiederholungen durchführen.

Schwimm-Training – mehr als nur Bahnen ziehen

Beinschlagmeister

Gruppengröße: 4–28
Spieldauer: 10–20 Minuten
Hilfsmittel: Schwimmbretter, Pfeife, Stoppuhr, Kopiervorlage S. 101
Ziele: Kraftausdauer für die Beinmuskulatur

Um „Beinschlagmeister" zu werden, muss jeder Schwimmer alle vier Lagen – Brust, Kraul, Rücken und Delfin – über 25 Meter nur mit Beinschlag schwimmen. Als Schwimmhilfe dürfen Bretter verwendet werden. Beim Delfinbeinschlag sollten die Schwimmer allerdings auf das Schwimmbrett als Hilfe verzichten, da sonst die Wirbelsäule zu stark belastet wird. Anschließend addieren Sie alle vier Zeiten zu einer Endzeit, um den Sieger zu ermitteln.

Tipp:

- Bevor Sie mit Ihrer Gruppe den „Beinschlagmeister" ermitteln, sollten die Beinbewegungen von den Schwimmern technisch einigermaßen gut beherrscht werden.
- Küren Sie regelmäßig den „Beinschlagmeister" in Ihrer Gruppe, dann steigt auch bei den Schwimmern die Motivation, ihren Beinschlag zu verbessern.

60 neue Spiel- und Übungsformen

Spielideen für den Stundenausklang

Ein spielerischer Stundenausklang ist für eine erfolgreiche Schwimmstunde von großer Bedeutung. Je freudiger die Stunde beendet wird, desto motivierter kommen die Kinder und Jugendlichen in die nächste Übungsstunde.

Weißer Hai

Gruppengröße: bis 20
Spieldauer: 8–10 Minuten
Hilfsmittel: keine
Ziel: Schnelligkeit

Ein Schwimmer, der „weiße Hai", sitzt auf dem Rand des Schwimmbeckens, die übrigen Schwimmer sitzen ihm gegenüber auf der anderen Seite. Der „weiße Hai" ruft: *„Wer hat Angst vorm weißen Hai?"* Die Gruppe erwidert: *„Niemand!"* Daraufhin fragt der „weiße Hai": *„Und wenn er kommt?"* Die Gruppe antwortet: *„Dann schwimmen wir einfach davon!"* In diesem Moment stoßen sich alle vom Beckenrand ab und versuchen, sich so schnell wie möglich auf das gegenüberliegende Ufer zu retten. Wer dabei jedoch vom „weißen Hai" berührt wird, der wird im nächsten Durchgang selbst zum „Hai". Sieger des Spiels ist derjenige, dem es bis zum letzten Durchgang gelingt, den „weißen Haien" zu entkommen.

Tipp:

Mit jüngeren Schwimmern können Sie das Spiel auch im Laufen in hüfttiefem Wasser durchführen.

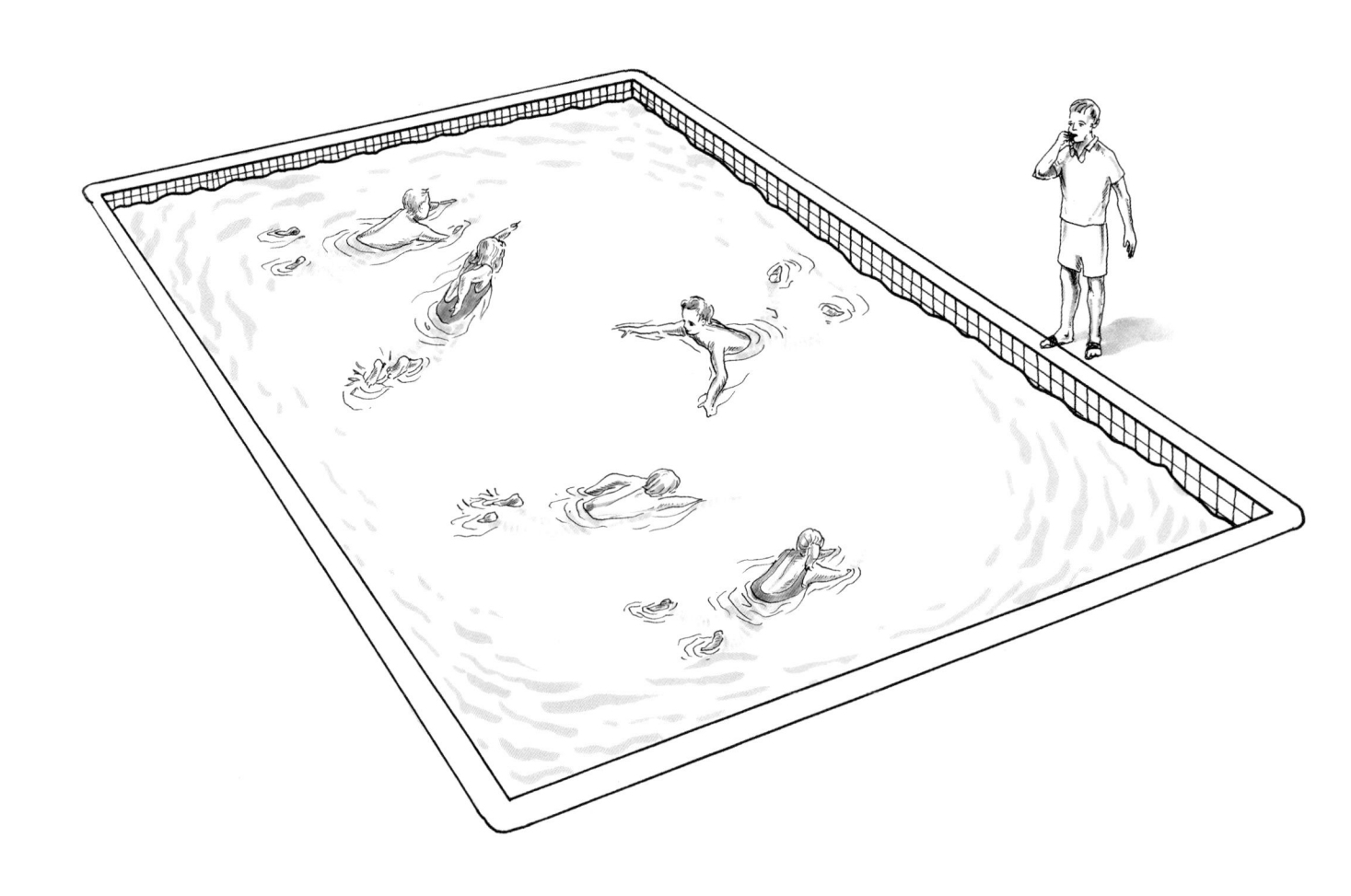

Schwimm-Training – mehr als nur Bahnen ziehen

Schwimmbrettspiel

Gruppengröße: bis 30
Spieldauer: 5–10 Minuten
Hilfsmittel: Pfeife, Schwimmbretter
Ziele: Gleichgewichtsfähigkeit, Bewegungskoordination

Immer 3 bis 10 Schwimmer treten auf der Querbahn zum Wettschwimmen mit dem Schwimmbrett gegeneinander an. Auf der ersten Bahn sitzen die Schwimmer auf dem Brett. Allerdings darf das Schwimmbrett nicht mit den Unterschenkeln festgehalten werden. Auf der zweiten Bahn wird das Brett unter die Brust gelegt, ohne es festzuhalten. Wie die Schwimmer jeweils ihre Arme zum Vorwärtskommen einsetzen, bleibt ihnen selbst überlassen. Sieger ist derjenige, der nach zwei Bahnen als Erster anschlägt.

Tipp:

Bei Fortgeschrittenen kann auf der Abschlussbahn stehend auf dem Brett „gesurft" werden.

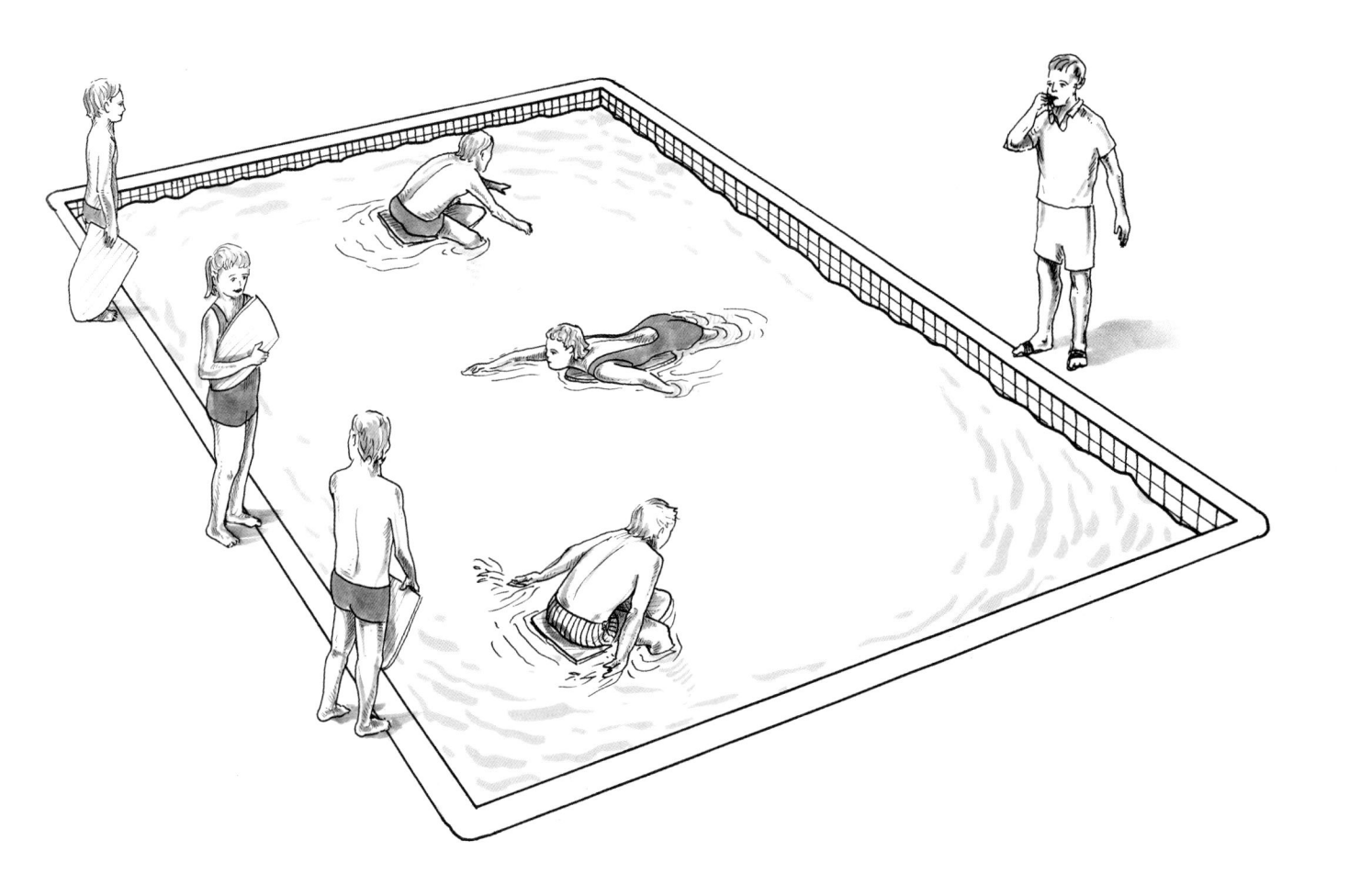

Blubberspiel

Gruppengröße: beliebig
Spieldauer: 5 Minuten
Hilfsmittel: keine
Ziel: Atemtechnik

Wer schafft es so auszuatmen, dass die größte Luftblase entsteht? Hierfür stellt sich die ganze Gruppe an einer Beckenseite auf und hält sich am Rand fest. Sie selbst stehen als Schiedsrichter auf dem Startblock, um alle Schwimmer immer im Blick zu haben. Mit dem Startpfiff tauchen alle gleichzeitig unter und versuchen, eine möglichst große Luftblase beim Ausatmen unter Wasser entstehen zu lassen.

Variation: Lassen Sie die Schwimmer beim Blubberspiel Melodien unter Wasser blubbern. Wer erkennt das Lied seines Partners?

Tipp:

Bei einer großen Schwimmgruppe kann auch in mehreren Gruppen geblubbert werden, und die Sieger bestreiten den Finaldurchgang.

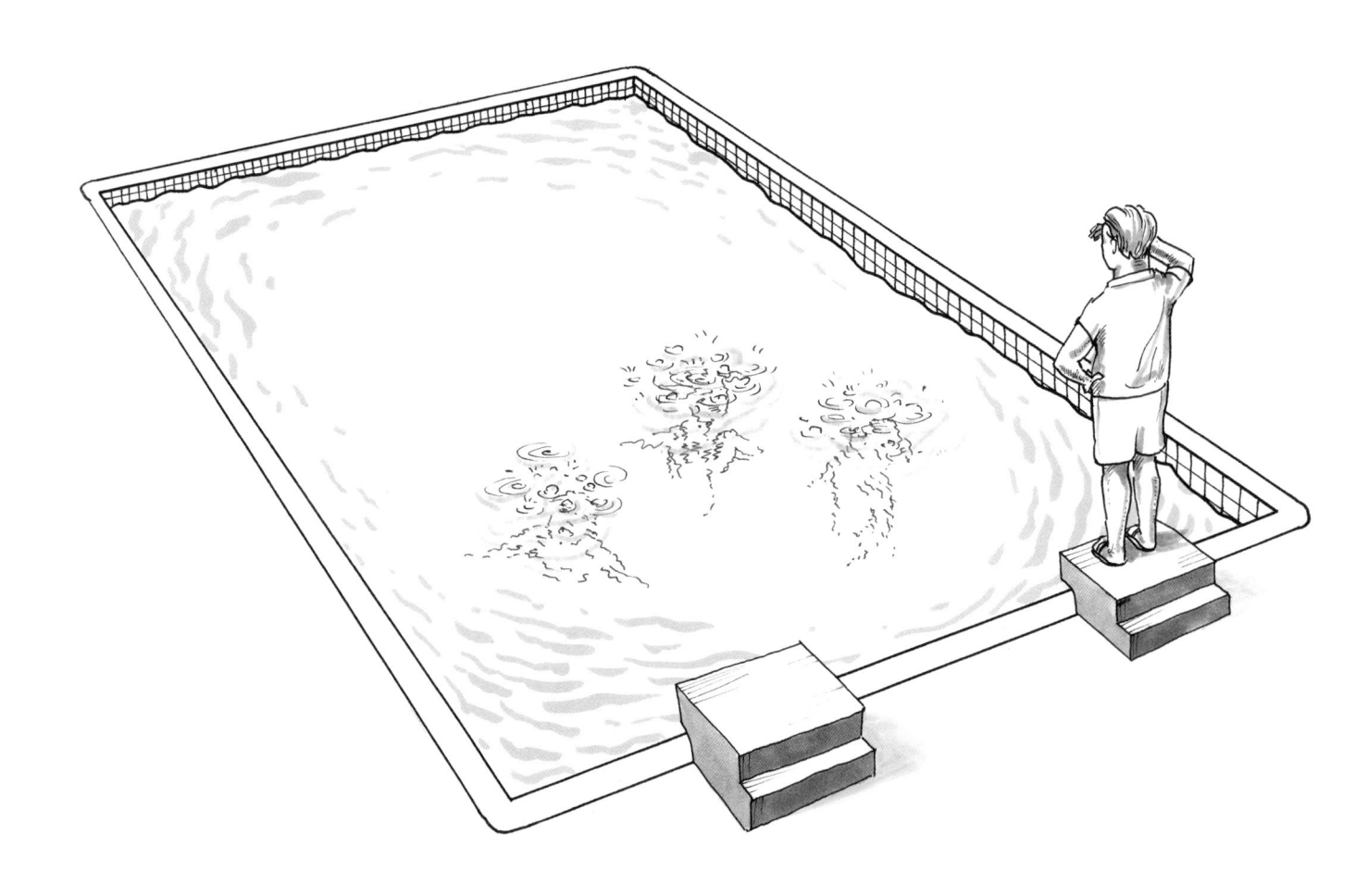

Wasserclown

Gruppengröße: bis 30
Spieldauer: 5–10 Minuten
Hilfsmittel: keine
Ziele: Kreativität, Koordination

Bilden Sie für dieses Abschlussspiel 5er-Gruppen. Jeder Schwimmer übernimmt einmal die Rolle des Wasserclowns. Der Wasserclown macht einen Sprung vom Beckenrand oder Startblock vor. Anschließend springen alle nacheinander ins tiefe Wasser und versuchen, den Clownsprung zu imitieren.

Tipp:

Führen Sie beim Wasserclown die Regel ein, dass jeder Schwimmer einen anderen Sprung zeigen muss.

Abtauchspiel

Gruppengröße: ab 4
Spieldauer: 3 Minuten
Hilfsmittel: Stoppuhr
Ziel: Zeitgefühl

Alle Schwimmer tauchen beim Startpfiff sofort unter und versuchen, 10 Sekunden unter Wasser zu bleiben. Wer schafft es, nach exakt 10 Sekunden mit dem Kopf die Wasseroberfläche wieder zu durchbrechen?

Tipp:

Wählen Sie für das Tauchspiel einen erhöhten Standort, um alle Schwimmer im Blick zu haben.

Handicapschwimmen

Gruppengröße: 4–30
Spieldauer: 5–10 Minuten
Hilfsmittel: keine
Ziel: Koordination

Beenden Sie Ihre Stunde mit einer spielerischen Spezialaufgabe, die lustig ist und Spaß garantiert: Wer kann zum Beispiel brust- oder kraulschwimmen, obwohl die eigene linke Hand das rechte Bein am Fuß zum Rücken zieht?

Variation: Wer kann beim Brustschwimmen über die gesamte Strecke einen Fuß oder eine Hand aus dem Wasser halten?

Tipp:

Bedenken Sie bei der Aufgabenstellung, welche koordinativen Voraussetzungen die Schwimmer mitbringen.

60 neue Spiel- und Übungsformen | 81

Tandemschwimmen

Gruppengröße: bis 16
Spieldauer: 5 Minuten
Hilfsmittel: keine
Ziele: Team- und Kooperationsfähigkeit

Beim Tandemschwimmen treten immer zwei Paare zu einem Wettschwimmen gegeneinander an. Die Partner liegen in Bauchlage parallel nebeneinander und ergreifen ihre in Vorhalte liegenden Hände. Mit dem Startpfiff versuchen die Paare, nur mit dem Kraulbeinschlag und mit einer sinnvollen Bewegung der jeweiligen Außenarme so schnell wie möglich vorwärtszukommen. Sieger des Tandemschwimmens ist das Paar, das nach einer Bahn als Erstes am Beckenrand anschlägt.

Variation: Die Partner liegen parallel nebeneinander und ergreifen ihre in Vorhalte liegenden Hände. Dabei ist einer der beiden in Rücken-, der andere in Bauchlage. Nach einer Bahn wird der Rückenschwimmer zum Kraulschwimmer und umgekehrt.

Tipp:

Lassen Sie die Schwimmer das Tandemschwimmen ausprobieren, damit es beim Wettschwimmen nicht zu großen Abstimmungsschwierigkeiten kommt.

Antwortspringen

Gruppengröße: bis 12
Spieldauer: 8–10 Minuten
Hilfsmittel: Kärtchen mit Begriffen
Ziele: Informationsverarbeitung unter Zeitdruck

Ein Schwimmer steht auf dem Startblock und versucht, möglichst hoch ins Wasser zu springen. Beim Absprung bekommt er von Ihnen einen Oberbegriff, zum Beispiel „Farben" zugerufen. Noch in der Flugphase muss der Schwimmer darauf antworten. Jeder darf insgesamt 5–6 Sprünge absolvieren.

Variation: Wem gelingt es, möglichst viele Unterbegriffe zu nennen?

Tipp:

Überlegen Sie sich bereits im Vorfeld möglichst viele unterschiedliche Begriffe, die Sie den Schwimmern zurufen können.

60 neue Spiel- und Übungsformen

Ballduell

Gruppengröße: bis 12
Spieldauer: 5–10 Minuten
Hilfsmittel: zwei Pezzibälle
Ziel: Koordination

Teilen Sie die Gruppe zunächst in zwei Mannschaften auf. Nun muss jeder Schwimmer zu einem Duell gegen einen Schwimmer aus der gegnerischen Mannschaft antreten. Ziel ist es, sich nach dem Startpfiff so lange wie möglich auf einem Pezziball festzuhalten. Rutscht ein Schwimmer vor dem Gegner vom Ball, bekommt die gegnerische Mannschaft einen Punkt. Sieger des Ballduells ist die Mannschaft mit den meisten Punkten.

Tipp:

Die Praxis hat gezeigt, dass Sie das Ballduell mit einer Gruppe immer wieder zum Stundenausklang spielen können, ohne dass es langweilig wird.

Kopfballpunkt

Gruppengröße: 6–20
Spieldauer: 10–15 Minuten
Hilfsmittel: Ball
Ziele: Wurfgenauigkeit, taktisches Verhalten

Beim Kopfballspiel treten zwei Teams gegeneinander an, die sich innerhalb des festgelegten Spielfelds beliebig aufstellen können. In dem hüft- oder brusttiefen Wasser muss nun der Ball innerhalb des eigenen Teams so oft wie möglich abgespielt werden, bevor der Spieler von einem Gegenspieler berührt wird. Wird ein Spieler berührt, erhält das gegnerische Team den Ball. Gelingt es einem Team, sich den Ball 7-mal in Folge zuzupassen, muss der Ball beim nächsten Pass geköpft werden.

Mit dem geglückten Kopfball nach sieben Pässen erhält das Team einen Punkt. Das Team, das zuerst drei Punkte erreicht, ist Sieger des Spiels.

Tipp:

Werden zu schnell Punkte erreicht, können Sie auch nach 10, 12 oder 15 Pässen den „Kopfballpunkt" einführen.

Kopiervorlagen

Duell „Jeder gegen jeden"

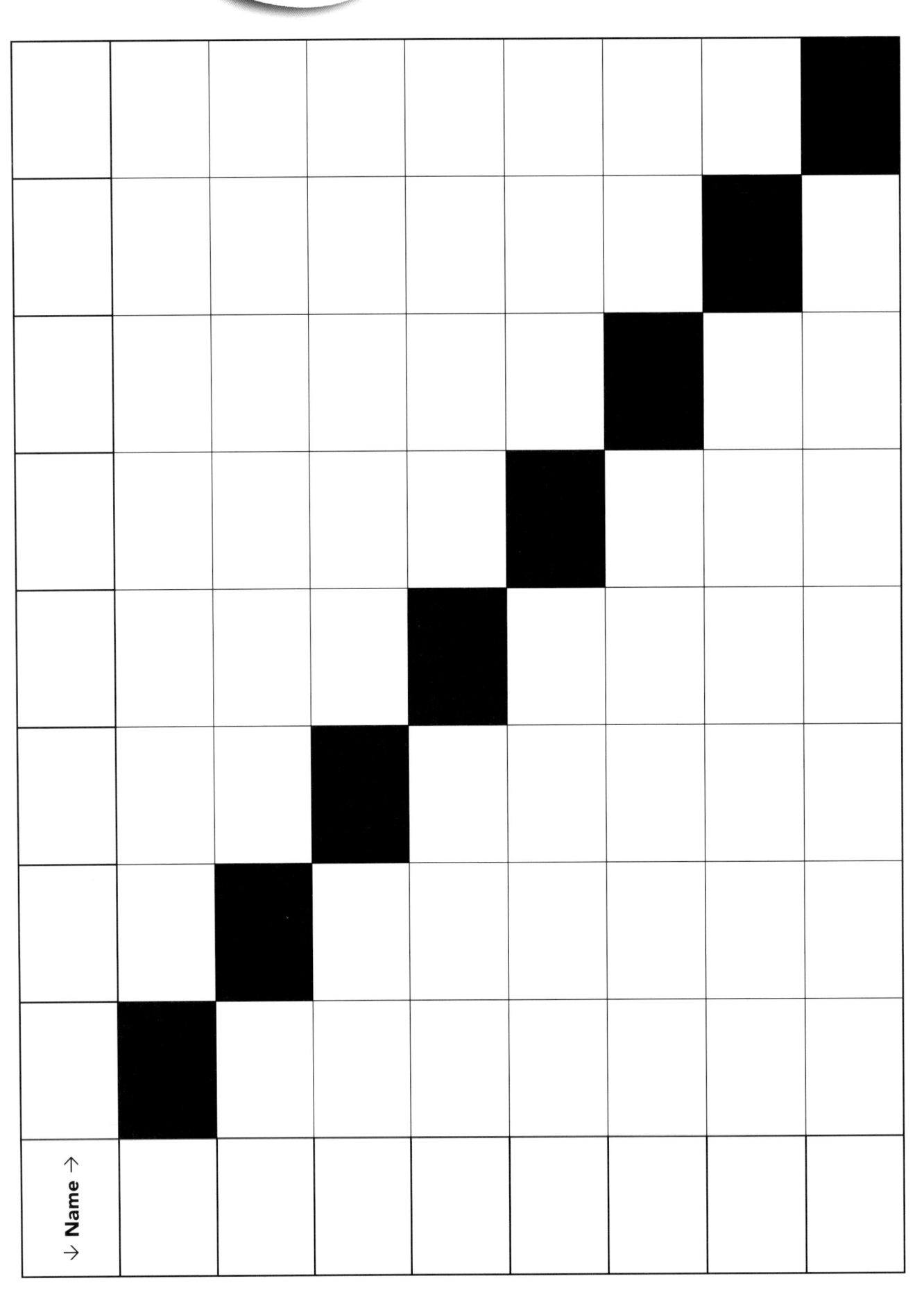

↓ **Name** →

Geringste Punktzahl gewinnt!

Name	Zeit	Addition	Punkte	Platz

Bonusspiel

Name	Zeit	Bonus	Endzeit	Platz

Schwimm-Fünfkampf

Name	Aufgabe:	Aufgabe:	Aufgabe:	Aufgabe:	Aufgabe:	Gesamt	Platz

Glücksschwimmen

Name	Zeit	Rechnung	Punkte	Platz

Zugfrequenzspiel

Name	Zeit (abgerundet)	Zugfrequenz	Summe	Platz

Differenzzeitschwimmen

Name	1. Bahn	2. Bahn	3. Bahn	4. Bahn	5. Bahn	6. Bahn	7. Bahn	8. Bahn	9. Bahn	10. Bahn	Diff.:	Platz

Steigerungsschwimmen

Vorgabe der Mindestzeit:

Name	1. Sprint	2. Sprint	3. Sprint	4. Sprint	5. Sprint	6. Sprint	Wertung

Paarschwimmen

1. Schwimmer	2. Schwimmer	Differenz	Platz

Zwillingsrennen

Name	1. Zeit	2. Zeit	Differenz	Platz

60 neue Spiel-und Übungsformen

Timingspiel

Name	Geschätzte Zeit	Geschwommene Zeit	Differenz	Platz

1000-Meter-Würfelspiel

Name:	050	100	150	200	250	300	350	400	450	500	550	600	650	700	750	800	850	900	950	1000

Lagen-Mix

Name	1. Bahn	2. Bahn	3. Bahn	4. Bahn	5. Bahn	6. Bahn	7. Bahn	8. Bahn	9. Bahn	Gesamt	Platz

Beinschlagmeister

Name	25 m Kraul	25 m Rücken	25 m Delfin	25 m Brust	Gesamt	Platz

Literatur- und Linktipps

Literatur

Bissing, Michael; Gröbli, Corinne:
SchwimmWelt. Schwimmen lernen – Schwimmtechnik optimieren.
blmv, 2004.
ISBN 978-3-292-00337-7

Brooks, Jackie; Bunday, Joan:
Schwimm-Schule.
Ein Kurs mit Arbeitsblättern und vielen Bildern.
Verlag an der Ruhr, 2001.
ISBN 978-3-86072-643-3

Frank, Gunther; Unsfeld, Jürgen:
Koordinative Fähigkeiten im Schwimmen: Der Schlüssel zur perfekten Technik.
Hoffmann Schorndorf Verlag, 2008.
ISBN 978-3-7780-7125-0

LASPO – Bayerische Landesstelle für den Schulsport (Hrsg.):
Schwimmen unterrichten.
Grundwissen und Praxisbausteine.
Alle Klassenstufen.
Auer Verlag, 2007.
ISBN 978-3-403-04403-1

Martin, Dietrich; Nicolaus, Jürgen; Ostrowski, Christine:
Handbuch Kinder- und Jugendtraining.
Hoffmann Schorndorf Verlag, 1999.
ISBN 978-3-7780-1751-7

Reischle, Klaus; Buchner, Markus:
SwimStars. Schwimmen lernen und Techniktraining optimieren.
Hoffmann Schorndorf Verlag, 2008.
ISBN 978-3-7780-6190-9

Weineck, Jürgen:
Optimales Training.
Leistungsphysiologische Trainingslehre unter besonderer Berücksichtigung des Kinder- und Jugendtrainings.
Spitta Verlag, 2007.
ISBN 978-3-938509-15-9

Wilke, Kurt; Daniel, Klaus:
Schwimmen: Lernen, Üben, Trainieren.
Limpert Verlag, 2007.
ISBN 978-3-7853-1738-9

Links*

www.praxis-jugendarbeit.de
Spielesammlung für Jugendleiter

www.sportunterricht.de
Informationen und Materialien für Lehrer und Schüler zum Schwimmen

www.schwimmwelt.ch
Ideen und Übungen für den Schwimmunterricht

Die in diesem Werk angegebenen Internetadressen haben wir geprüft (Stand: Dezember 2011). Da sich Internetadressen und deren Inhalte schnell verändern können, ist nicht auszuschließen, dass unter einer Adresse inzwischen ein ganz anderer Inhalt angeboten wird. Wir können daher für die angegebenen Internetseiten keine Verantwortung übernehmen.